すぐに身につく 図解

説明上手になれる本

説明下手で損してない？
以心伝心は誤解のもと！
なぜ話が支離滅裂になってしまうのか
結論が伝わらなければ意味がない

高嶌幸広
Yukihiro Takashima

思ったとおりに相手に伝わる、「できる」話し方のテクニック

PHP

目次

PART 1 説明上手になる基本

PART 2 「うまい！」と思わせるテクニック

PART 3 わかりやすい話の組立て方

PART 4 上手な話の展開法

PART 5 相手を納得させる説明のポイント

PART 6 説明能力を高めるコツ

1 あなたは説明下手で損をしていないか

説明下手が評価の低い理由

「えぇー、今度の新製品の販売の件については……ですねぇー、いま、そのぉー、なんとかやっていますけどもぉー、まあぁー、しかしですねぇー、そのぉー、いつもより出足がぁー、そのぉー、発売後三カ月がぁー過ぎているんですがぁー、えぇー……」

上司が突然、説明をさえぎって言う。

「君、何を言いたいんだね、何を。もっとはっきり言いたまえ。さっぱりわからんじゃないか。君の説明はいつもそうなんだから」

説明下手では昇進できない

これは、ある食品メーカーの担当者が上司に、新製品の売行きがかんばしくないことを説明している場面である。上司ならずとも、こんな説明をされたのではたまらない。怒り出すのも当然である。

担当者のYさんは五二歳、有名私立大学を卒業、勤続三〇年。俗にいう「いい人」である。一応、係長の肩書がついてはいるものの、やっている仕事は、平社員と変わらない。

なぜ、Yさんは五〇歳を過ぎても、管理職になれないのだろうか。その答えは、冒頭の説明ぶりにある。何を言おうとしているのかさっぱりわからない説明を、三〇年間も積み重ねてきたのだ。おのずから評価は、決まってしまう。

能力がないのに認められる人がいる

説明が下手で、昇進対象からはずされてしまうのではたまらない。「この例は、特別だ」と、あなたは言うかもしれない。そのとおりである。しかし、多かれ少なかれ説明下手は損なのである。その理由を次にあげてみよう。

①頭が悪い、能力がないと思われる。
②仕事で成果をあげても認めてもらえない。
③重要な仕事を任せてもらえない。
④大事な場面に起用してもらえない。
⑤はじめから話を聞いてもらえない。
⑥人を説得できないので、自分の思ったことができない。
⑦反論が多くなり、イジメにつながる。
⑧上司や部下からうとんじられる。

これらの一つひとつが積み重なると、Yさんのようになってしまう。Yさんは、説明などうまくできなくてもよいと思って、仕事を続けてきたのである。説明の仕方を学ぼうなどという気持ちは、まったく浮かばなかった。そのツケが、五〇歳を過ぎても管理職になれない哀れな姿なのである。

たかが説明、されど説明である。せっかく優れた能力をもちながら、説明が下手で、その能力を認めてもらえない人はたくさんいる。その逆に、能力がなくても、説明がうまくて認められる人が結構いる。だから、能力があってもなくても、説明上手にこしたことはない。

いままでのあなたはいかがだろうか。説明下手でもかまわないと思っていなかっただろうか。もし、そう思っていたのなら、いまここで、その考えを改めていただかなければならない。結局、説明下手は損だからである。

説明下手はこんなに損だ

説明が下手な人は

1. 頭が悪い、能力がないと思われる。
2. 仕事で成果をあげても認めてもらえない。
3. 重要な仕事を任せてもらえない。
4. 大事な場面に起用してもらえない。
5. はじめから話を聞いてもらえない。
6. 人を説得できないので、自分の思ったことができない。
7. 反論が多くなり、イジメにつながる。
8. 上司や部下からうとんじられる。

POINT

もしあなたが、説明下手でもかまわないと思っていたのなら、いまここで、その考えを改めなければならない。結局、説明下手は損だからである。

2

説明上手な人は周囲の信頼があつい

説明上手は仕事もできる

あなたは、どんな上司を頼もしく思うだろうか。私は、真っ先に「説明上手」をあげる。過去に、説明下手の上司をもって、苦労したことがあるからである。

説明の仕方で天国へも地獄へも

社会人になって間もないころ、所属部署では毎年、新しい事業を立ち上げていた。そのためには、役所への予算要求をしなければならない仕組みになっていた。私は、上司といっしょに役所へ行った。もちろん、説明は上司がした。

しかし、その説明は、話があちこちに飛んで、支離滅裂。隣で聞いていた私にもよくわからなかったのだから、相手にわかるはずがなかった。はじめは、聞こうという姿勢で臨んでいた役所の担当者も、いらだちを隠せなくなった。

そして、とうとう「今日はもういい。ぜんぜんつまってないじゃないか。明日の朝一番に、もっと詳しい資料で説明してくれ」と言い出したのだった。「これで、今日は夜中まで仕事だ」との思いが、私の頭をかすめた。説明の前に、もうこれ以上無理というところまで、練りに練っていたのである。説明さえうまくやってくれれば、こんなことにはならなかった。役所からの帰り道、そばにいた上司を恨んだ。

その後も、同じようなことが何度も起こった。そのたびに、上司を恨まなければならなかった。

その翌年、上司が代わった。新しい上司は、論理的で、わかりやすい説明ができる説明上手だった。役所の担当者も、「これは話せる」と思ったのだろう。ときには、白熱する議論もあったが、予算の獲得はスムーズだった。説明の仕方でこんなにも違うものかと、天国と地獄の違いを思い知った。

上司や部下から頼もしく思われる

説明上手は、なぜ頼りになるのだろうか、説明上手の優れている点をあげてみよう。

①集中力、知識、勘、理解力に優れている。
②構成力、創造力、原理探究力に富んでいる。
③判断力、問題解決能力、情報収集能力に優れている。
④管理力、統率力、説得力に優れ、順応性がある。
⑤忍耐力、自己開示力、転換力に優れている。

これらは、仕事の質を高めるためには、どうしても欠かせないものである。したがって、説明上手は仕事もできる人であり、かつ部下のことも考えられる人であって、部下から見たら頼りになる上司なのである。

上司から見て、頼りになる部下もまったく同じであり、説明上手の部下である。先にあげた説明上手の優れている点を見れば明らかであろう。

さらに、上司にしてみれば、説明上手の部下をもつと楽ができる。会議でも、商談でも、最初だけ上司が概略を説明して、詳しい説明は部下に任せればよいからである。

説明上手は、上司や部下から頼もしく思われるのである。

説明上手はこんな人だ

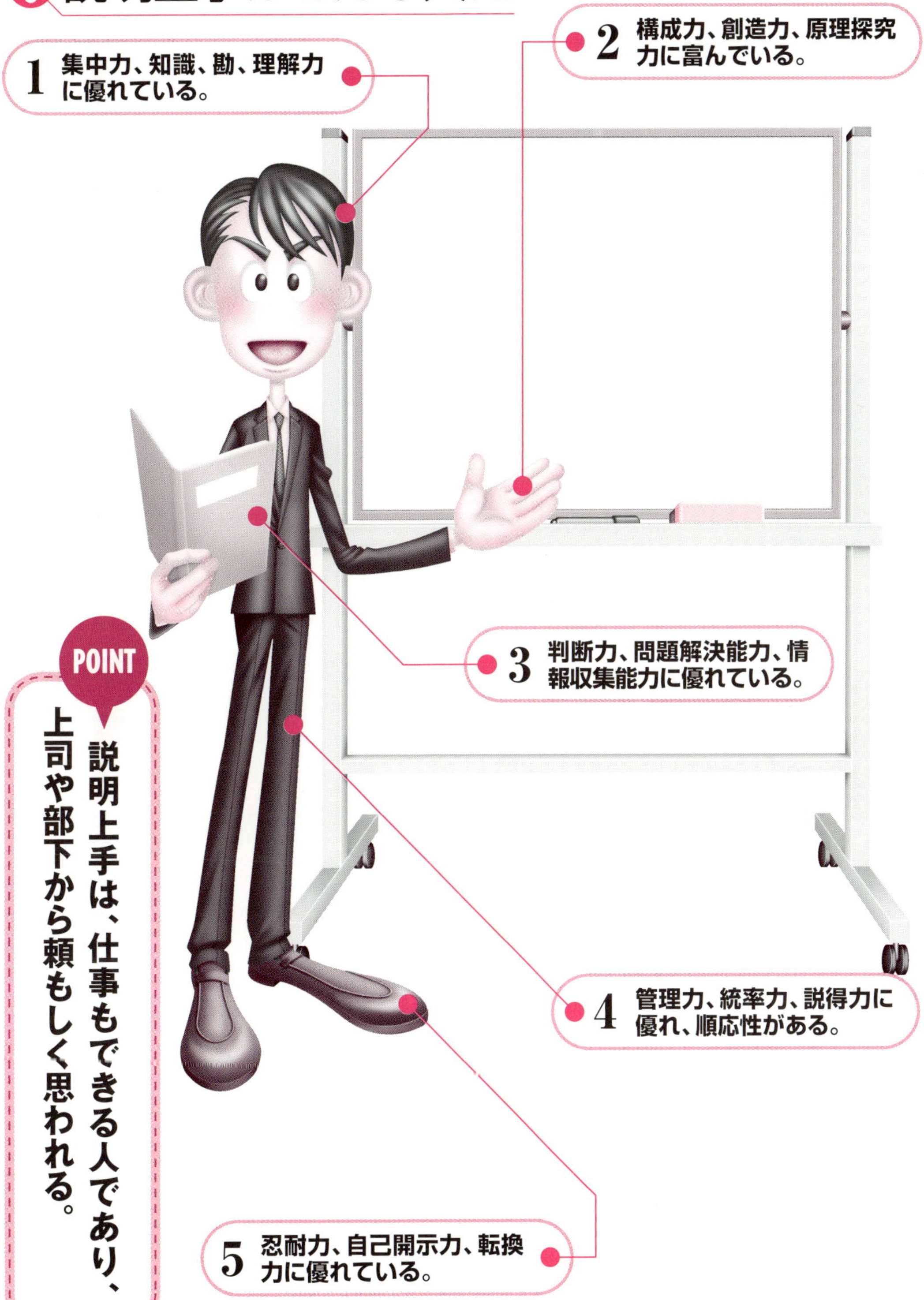

POINT

説明上手は、仕事もできる人であり、上司や部下から頼もしく思われる。

3

話が相手に伝わらないワケ

あなたは「説明下手」を笑えるか

私は、長嶋茂雄さんの現役時代の大ファンであった。ここぞというときには、必ずといってよいほど打ってくれたし、三振しても、エラーをしても、かっこいいパフォーマンスで楽しませてくれたからである。

それにも増して楽しかったのが、長嶋語といわれる独特の比喩や英語を使ってつくり出される直感的造語での説明だった。

支離滅裂な説明をしていないか

「むつかしい質問ですね。わたくしも、まだ四十四歳。目でみつめ、耳で吸収。実戦を通じて勉強中の身で、すべて、これからだと受けとめています。ただ、二十三年間をふり返ってみて、自分なりの哲学ということになると、〝球は正直である〟というのが結論、トータルなものです。

……が、現実には、いまだに、木枯し吹きっ

結論が相手にすっきり伝わらない理由

独特の単語が不的確なものと感じられる

↓

配列が飛んでいると思う

↓

大きな戸惑いを抱く

↓

理解することを途中であきらめてしまう

POINT

われわれは、長嶋さんのような説明を結構している。相手はチンプンカンプンで、こちらの言うことがわからない。長嶋さんはキャラクターだからかまわないが、われわれはそうはいかない。

放しです。現実のカケヒキがある。監督の思惑、計算もある。仕事にたいする入り方。自分なりの結論はありますが、実際には大きな壁が出てくる。……しかし、なんといいましても、一心不乱、情熱、正直な球にたいして素直な心……これを大声で言いたいですね」（『キミは長島を見たか』岩川隆、立風書房）

これは、長嶋さんが巨人軍の監督を解任された翌日、八戸市の講演会で、会場の市民からの「ひたむきな男っぽさはどこから出るのか」という質問に答えたものである。

いかがだろうか。長嶋さんには申しわけないが、何を言っているのかさっぱりわからない。

しかし、この長嶋さんの説明を笑えるだろうか。われわれは多かれ少なかれ、こんな調子で説明をしている。それでは、なぜ支離滅裂な説明をしてしまうのだろうか。

聞き手を戸惑わせてはいけない

長嶋さんは、極めてイマジネーションが豊かだから、さまざまなイメージが頭のなかに浮かんでくる。そして、その浮かんできたイメージを反射的に独特の単語に置き換え、それを配列することなく（実は長嶋流の配列をしているのであるが）話す。

その話を聞いたわれわれは、独特の単語が不的確なものと感じられ、長嶋流の配列が飛んでいると思うのである。そして、それがわれわれに大きな戸惑いを抱かせるのである。理解しようと思うのだが、あまりにも自分の単語や配列とかけ離れているので、理解することを途中であきらめてしまうのである。

われわれは、長嶋さんのような説明を結構している。ということは、それを聞いている相手はチンプンカンプンで、こちらの言うことがわかっていないということなのである。長嶋さんの話はわからなくてもよい。それがキャラクターだと思われているからである。しかし、われわれはそうはいかない。

長嶋さんの説明から学びながら、なぜ結論が相手にすっきり伝わらないのか、このあとの4節から8節で詳しくお話ししていく。

さまざまなイメージが頭のなかに浮かんでくる

↓

浮かんできたイメージを反射的に独特の単語に置き換える

↓

それを配列することなく話す

1 自分でわからないことは、相手にもわからない。

2 何を言いたいのか、訴えたいのかが不明確である。

3 あちこちに話が飛んで、焦点が定まっていない。

4 物事を説明するときの順序が、めちゃくちゃである。

5 筋《すじ》やぜい肉が多すぎて、話のポイントが見えない。

6 だれにでもわかる言葉を使っていない。

4 なぜ理解してもらえないのか
説明の目的ははっきりしているか

焼肉レストランのチェーン店を経営するある社長の話である。従業員は、お客の注文も受けず、漫画を読んだり、ケンカをしたりと、態度が悪くて、客足が遠のき、会社は大赤字になってしまった。そんなことで、悩みに悩んでいたころ、人に勧められて、あるセミナーに参加したのだった。

糸の切れた凧のような説明をしない

セミナーのカウンセリングでいきなり、「あなたの人生の目的はなんですか」と尋ねられた。いままで考えてもみなかった質問に面食らった。答えられないでいると、「あなたはタクシーに乗って、行き先を告げないのですか」と、カウンセラーに叱られたのである。

社長は、この言葉にショックを感じた。どっちに行けばよいのか、自分の行き先さえわからないのに、従業員に行き先がわかるわけはない。従業員が自分勝手にふるまうのも、すべて自分のせい、自分自身が明確な目的をもっていないからだと痛切に感じ、従業員が生き甲斐とやり甲斐のもてる会社をつくろうと決心した。

それからしばらく経つと、メニューやお店のつくりも変えないで、外見は従来どおりでありながら、客足が戻り出し、赤字が黒字に転換したのだった。

目的をもつことの大切さは、説明についてもいえることである。あなたは、説明のときに明確な目的をもって臨んでいるだろうか。

明確な目的をもたない説明は、糸の切れた凧と同じである。どこに飛んでいくかわからない。目まぐるしく動いて、結局は墜落してしまう。説明も、あの話、この話といろいろなことを話した割には、相手はなんの説明を受けたのかわからないということになってしまう。

説明の芯をつくれ

では、目的をはっきりさせるためには、どうすればよいのか。それは、次の五ポイントを説明の準備段階で十分に考えておくことである。

①説明の相手はだれかをつかむ（ＷＨＯ）。
②なんのために説明するのか明確にする（ＯＢＪＥＣＴ）。
③何を伝えなければならないのか整理しておく（ＷＨＡＴ）。
④どのようにして、説明するのか構想を練っておく（ＨＯＷ）。
⑤その結果として何を期待するのか、説得目標を決めておく（ＧＯＡＬ）。

これだけのことをしっかりと考えておけば、説明の芯ができているので、たとえ説明が悪くても、相手は自分なりに話を解釈し、理解してくれる。また、話が脱線したとしても、いつでもそこに戻れる。そうなると、説明に余裕が出てくる。相手もそれを感じて、さらに理解しやすくなる。

目的をもたない説明は、タクシーに乗って行き先を告げない人と同じである。運転手に怒られるのがおちである。説明に臨んで、相手に怒られないようにしようではないか。

目的をはっきりさせる5つのポイント

1 説明の相手はだれかをつかむ（WHO）。

2 なんのために説明するのか明確にする（OBJECT）。

3 何を伝えなければならないのか整理しておく（WHAT）。

4 どのようにして、説明するのか構想を練っておく（HOW）。

5 その結果として何を期待するのか、説得目標を決めておく（GOAL）。

POINT

目的をもたない説明は、タクシーに乗って行き先を告げない人と同じである。運転手に怒られるのがおちである。説明に臨んで、相手に怒られないようにしようではないか。

5 なぜ筋が通らないのか
説明に一連の流れがあるか

まず、左ページのⅠの絵を見ていただきたい。あなたは、この絵を人に説明するとき、どんな順序で話すだろうか。

近景から遠景へ、遠景から近景へ

私ならば、最初にひまわりの花が咲いていることを話し、次に川が流れていることを話す。そして、川にかかっている橋の話をする。そのあと、家の話をして、最後に山の話をする。

こうすると、近景から中景を経て、遠景へと一連の流れができて、聞き手である相手にすんなりと受け入れられるからである。

では、Ⅱの絵を見ていただきたい。この絵の場合はどうだろうか。

この絵は、山にポイントがおかれているので、最初に山の話をする。次に、家の話をして、家の脇を流れる川の話をする。そして、川にかかっている橋の話をして、最後にひまわりの花が咲いていることを話す。遠景から中景を経て、近景へと一連の流れをつくり出すのである。

聞き手の脳裏には、最初に説明された山のイメージが強く描かれる。そして、だんだん手前になるにしたがって、家、川、橋とイメージを弱めていき、最後のひまわりの近景が、いちばん弱くイメージされることになる。

こうして、聞き手はⅡの絵をはっきりとイメージすることができるのである。

頭の働きの法則性に従う

ところで、このⅡの絵をⅠの絵の順序で話し

Ⅱ

1. 最初に山の話をする。
2. 次に家の話をして、
3. 家の脇を流れる川の話をする。
4. そして、川にかかっている橋の話をして、
5. 最後にひまわりの花が咲いていることを話す。

遠景から中景を経て、近景へと一連の流れをつくり出す。

たらどうだろうか。最初に、いちばん手前にあるひまわりの花の咲いていることを説明するために、聞き手はひまわりの花を印象的に感じてしまう。

したがって、IIの絵でポイントをおいている山は、遠景に追いやられ、弱く感じられてしまう。結局は、話し手自身のイメージと違った説明をしてしまうことになるのである。

また、IIの絵を次のように説明したらどうだろうか。

まず、中景の家の話をして、次に家の脇を流れる川の話をする。そして、近景のひまわりの話をして、遠景の山の話をし、最後に中景の橋の話をして説明を終える。

このような説明では、位置関係がわからなくなって、聞き手はイメージを描くことがむずかしくなる。聞き手がイメージを描けなければ、あなたの思いは聞き手には伝えられない。

説明下手は、たいていこんな説明をしている。話の順序が乱れているのである。われわれ人間の頭の働きは、時間の流れや因果関係などの一定の法則性に貫かれている。この法則性を知って話すことで、筋《すじ》が通り、きちんと統一された説明になるのである。

話の順序については、五六ページで詳しくお話しすることにする。ものには、ものの順序がある。説明には、説明の順序というものがある。

絵を人に説明してみよう

POINT

説明下手は、話の順序が乱れている。人間の頭の働きは、一定の法則性に貫かれているので、この法則性を知って話すことで、筋《すじ》が通り、きちんと統一された説明になる。

I

1. 最初にひまわりの花が咲いていることを話し、
2. 次に川が流れていることを話す。
3. そして、川にかかっている橋の話をする。
4. そのあと、家の話をして、
5. 最後に山の話をする。

近景から中景を経て、遠景へと一連の流れができる。

6

なぜ最後まで聞いてもらえないのか

筋《すじ》やぜい肉だらけの話ではうんざりする

あるとき、知人から牛肉のステーキをもらった。さっそく、家に帰り、食べようとして箱を開けてみる。見事な霜降りである。家内にそのステーキを焼いてもらうことにした。

自信のない人は多くを語ろうとする

ジュージューというフライパンで肉を焼く音が、待つ身にはたまらなく食欲をそそる。思わず生唾をゴクリと飲み込む。早くできないかなと、心待ちに台所の家内に視線を投げかける。

「さー、できたわよ」。焼きたての肉汁が踊っているステーキを私の目の前に差し出す。

「乾杯」。ビールのグラスを合わせようとしたときである。「いっけない。塩こしょうするの忘れちゃった」。家内が素っ頓狂な声で言う。

「もう一度、焼こうか」と、家内はすまなそうに言う。「いいよ、二度焼きはまずいよ」。私は、あわて者の家内らしいなと思いながら言う。そして、ステーキを一口大にナイフで切る。肉汁が皿の上に滴り落ちる。その一切れを口に運ぶ。

「おいしい。これはおいしい。塩こしょうなんかなくてもいいね」と、私は心から言う。

「そうね。肉そのものがおいしいと、何も入れなくてもいいのね」。家内と私は、こんな会話を交わしながら、あっという間に三〇〇グラムのステーキを食べてしまうのであった。

そう、筋《すじ》もぜい肉もないステーキは、何もしなくても、そのままでおいしいのである。

説明も同じである。せっかく、話すべき内容をよく理解していながら、余分なことばかり話してしまい、何がなんだかわからない説明をするのではもったいない。しかし、このように筋やぜい肉だらけの説明をして、聞き手をうんざりさせる人があまりにも多い。とくに、自分の話に自信をもっている人にその傾向が強い。多くを語ろうとするからである。

説明は簡潔を旨とすべし

なぜ筋やぜい肉だらけの説明をしてしまうのだろうか。その主な理由を考えてみよう。

①内容さえ理解していれば、なんとかなると思っている。
②事前の準備を十分していない。
③説明のイメージが描けていない。
④話すべきポイントをつかんでいない。
⑤どんな説明が効果的なのかを考えていない。
⑥人間に対する感受性が鈍い。
⑦自分のことしか考えていない。

以上を要約すれば、筋やぜい肉だらけの説明をする人は、事前の準備を十分にしないまま説明に臨み、しかも相手のことをあまり考えていない人といっても過言ではない。あなたは、いかがだろうか。

忙しいビジネスでは、説明は簡潔を旨とすべきである。多くを語ろうとするのではなく、いかに話すことを整理するかである。だから、余分なものは削って、削って、削り取らなければならないのである。そうしなければ、相手は聞いてくれない。筋やぜい肉だらけの話にはうんざりである。

筋《すじ》やぜい肉だらけの説明をしてしまう理由

1 内容さえ理解していれば、なんとかなると思っている。

2 事前の準備を十分していない。

3 説明のイメージが描けていない。

4 話すべきポイントをつかんでいない。

5 どんな説明が効果的なのかを考えていない。

6 人間に対する感受性が鈍い。

7 自分のことしか考えていない。

POINT

忙しいビジネスでは、説明は簡潔を旨とすべきである。多くを語ろうとするのではなく、いかに話すことを整理するかである。筋やぜい肉だらけの話にはうんざりである。

7 なぜ訴えが届かないのか だれにでも理解できる言葉を使っているか

ある管理者対象の研修の講師をしたときのことである。

自分にとって当たり前でも人は違う

「これから研修のねらいをお話しします。この研修は、皆様に戦略実行型の管理者になっていただくことをねらいにしたものです。まず、管理者に求められる役割についてお話しします。第一に、管理者はビジョンやコンセプトをつくり出す中心的存在にならなければなりません。そのためには……」

すると突然、四十代半ばの神経質そうな管理者が手をあげて、質問をしてきた。

「申しわけありませんが、ビジョンとか、コンセプトってなんですか。意味がよくわかりません。日本語で言ってください」

私は、思わず「えっ」と、声を出してしまった。そして、思いもしなかった質問にびっくりして、すぐに答えることができなかった。

私にとっては、ビジョンやコンセプトという言葉は、当たり前のこととして使っていたものである。だから、管理者の突然の質問に面食らったのだった。

あなたもこんな経験があるはずである。当たり前、常識だと思っていることを改めて聞かれると、当たり前すぎて、「うーん」と唸ってしまうことがあったり、ときには自分にもよくわかっていない言葉を使っていて、適当にごまかしてしまったりすることもあるはずである。

私は、この一件で大いに反省をした。自分には当たり前と思っている言葉でも、当たり前と思わない人がいること、できるかぎり日本語を

3 それ自体がむずかしい言葉。

4 業界用語、職場用語、専門用語など、特定の用途に使われる言葉。

5 特定の人物名や地域名などの固有名詞。

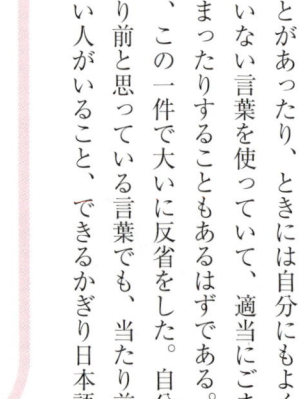

使い、しかもわかりやすい言葉を使うことが大切なことを痛感したのである。

横文字、専門用語は使わない

よく英語やフランス語などの横文字を説明のなかで使う人がいる。とくに、大学の先生や役人に多く見受けられる。

日本語で十分わかるものをあえて英語で言ったりする。いかにも「私は知識人です」と言わんばかりである。いまどき、英語やフランス語ができたからといって、その人を知識人と思う人はいないだろう。時代錯誤もはなはだしい。

説明のときは、相手にわかる言葉を選ぶべきであり、相手にもよるが、できるかぎり次の言葉は使わないことである。

①英語やフランス語などの横文字。
②あまり使われなくなった言葉。
③それ自体がむずかしい言葉。
④業界用語、職場用語、専門用語など、特定の用途に使われる言葉。
⑤特定の人物名や地域名などの固有名詞。

だれにでも理解できる言葉を使って話すことはむずかしい。しかし、それに近づけようとしなければならない。

そうしなければ、あなたの言いたいことや訴えたいことが相手に届かないからである。あなたは、だれにでも理解できる言葉を使って、説明をしているだろうか。

説明のときに使ってはいけない言葉

POINT

だれにでも理解できる言葉を使わなければ、言いたいことや訴えたいことは相手に届かない。あなたは、だれにでも理解できる言葉を使って、説明をしているだろうか。

1 英語やフランス語などの横文字。

2 あまり使われなくなった言葉。

8 相手のことを考えない説明は反論が多くなる

なぜ反論されるのか

いつも、説明がすんなり通る人と、ああでもないこうでもないと反論されて、あげくの果ては、やり直しという人がいる。

前者は、高い評価を受けて、余裕をもって次の仕事に臨めるが、後者は低い評価で、仕事のやり直しである。これが、両者のその後の人生を大きく左右してしまう。その差は、歴然としている。天国と地獄である。

前者は、生き生きと仕事をし、高い地位につく。後者は、つまらなそうに仕事をし、地位は低いままである。

なぜ反論されてしまうのか

では、なぜ反論されてしまうのだろうか。その原因を考えてみよう。

①相手の時間、都合、気分、好みの言葉など、耳を傾けさせるムードづくりを考えていない。
②自分の一方的なペースで話を進める。
③的外れであったり、支離滅裂であったり、時間が長かったりで、相手をいらつかせる。

論理的説明のポイント（PART1のまとめ）

- **説明の組立てを考える**
  - ① 説明する内容をよく理解しておく。
  - ② 説明の目的を明確にしておく。
  - ③ 思いつきで話をしない。
  - ④ 説明の順序の原則を守る。
  - ⑤ 余分なことは話さない。
  - ⑥ だれにでも理解できる言葉を使う。
- **相手のことを考える**

④明らかに間違った話をしたり、思いつきで話をするなど、論理的な話になっていない。
⑤具体例などのない抽象的な話になっている。
⑥たとえを使わなかったり、使ったとしてもピント外れのたとえを使っている。
⑦相手の理性と感情に訴えていない。
⑧従来から信頼を得られていない。

これらの八ポイントに共通するのは、相手に気を配りながら説明をしていないということである。これでは、相手から反論が続出するのも無理はない。自分だけがいい気持ちになっていてはいけない。

論理的説明のポイント

ここまでのPART1では、なぜ話が支離滅裂になってしまうのか、なぜ結論が相手にすっきり伝わらないのかを考えてきた。

その理由としては、大きく分けると次の二つになる。

1　説明の組立てが考えられていない
2　相手のことを考えていない

先に述べたように、相手の立場に立った説明を心掛けることが、論理的説明をするうえでは、とても重要なことである。

いかがだろうか。筋道立てた話ができない大きな理由は、話の組立てや相手のことを考えていなかったからである。これらの問題を解決すれば、あなたは説明上手になれるのである。

反論が多くなる説明の主な原因

1. 相手の時間、都合、気分、好みの言葉など、耳を傾けさせるムードづくりを考えていない。
2. 自分の一方的なペースで話を進める。
3. 的外れであったり、支離滅裂であったり、時間が長かったりで、相手をいらつかせる。
4. 明らかに間違った話をしたり、思いつきで話をするなど、論理的な話になっていない。
5. 具体例などのない抽象的な話になっている。
6. たとえを使わなかったり、使ったとしてもピント外れのたとえを使っている。
7. 相手の理性と感情に訴えていない。
8. 従来から信頼を得られていない。

POINT

筋道立てた話ができない大きな理由は、話の組立てや相手のことを考えていなかったからである。これらの問題を解決すれば、あなたは説明上手になれる。

9

うまい説明の基本

論理的説明の回路を強化する

ここに、二人のビジネスマンがいる。Aさんは、優秀な技術者であり、新製品の開発プロジェクトの一員である。したがって、新製品についてはだれよりも詳しい。一方のBさんは、これから新製品を売り込もうとしている平均的な営業マンであり、技術的なことにはうとい。あるとき、この二人が同じ新製品の説明を顧客の前ですることになった。

論理的な話はわかりやすい

Aさんの説明は、新製品の技術的な話に終始し、新製品が顧客にもたらすメリットについては一切話さなかった。しかも、事前に説明内容を整理しないままで話したために、専門用語が多いうえ、話があちこちに飛んで、支離滅裂だった。Aさんは、開発プロジェクトの一員なので、「俺がこの新製品のオーソリティだ」という自信があった。

一方のBさんはというと、営業をしているので、顧客に新製品のメリットをどうわかりやすく説明するかに心を砕いた。だから、事前に説明内容の整理に時間をかけた。そのために、説明は専門用語を一切使わず、素人にもわかるような言葉で、しかも話がすっきりしていてわかりやすかった。そう、まさしくBさんは、論理的な説明をしたのだった。

両者の説明を聞いた顧客は、どう思ったのだろうか。Aさんについては、顧客のほとんどが「なんて頭の悪い人なんだろう」と思った。一方のBさんについては、「とても頭のいい人」と思ったのである。片や、優秀な技術者でも「頭が悪い」と思われる。片や、平均的な営業

論理的説明の回路を強くする3つの方法

1. 論理的説明のメカニズムを学ぶこと。
2. 創造技法をマスターすること。
3. 実際に何度も何度も練習をしてみること。

POINT

何度も知識と実践の間を行ったり来たりしながら、はじめてそのものの核心がつかめるし、論理的回路も強くなっていく。論理的説明は、だれにでもできる。頭のよし悪しではない。

マンでも「頭がいい」と思われる。説明の仕方で、こんなにも違うものかと驚いてしまう。

説明は、上手なほうが得というわけである。上手な説明をするには、論理的な説明をすることが基本である。得をするためには、論理的説明の仕方を身につけなければならない。

論理的回路はすでに用意されている

論理的説明には基本があり、それをマスターすればだれにでもできる。論理的な説明ができる回路をつくり出せばよいのである。論理的回路は、あなたの頭のなかにすでに用意されている。ただ、その回路の機能が弱いだけである。

論理的説明の回路を強くするには、次の三つを行なうことである。

①論理的説明のメカニズムを学ぶこと。
②創造技法をマスターすること。
③実際に何度も何度も練習をしてみること。

知識をもてば、簡単に実践もできると思っている人がいる。知識から実践までの間に、途方もないへだたりがあることをわかっていない。これでは駄目である。

何度も知識と実践の間を行ったり来たりしながら、はじめてそのものの核心がつかめるし、回路も強くなっていく。人間の頭は、使わなければ良くならないようにできている。

論理的説明は、だれにでもできる。頭のよし悪しではない。

論理的な説明をしよう

Aさん……**優秀な技術者**

新製品についてはだれよりも詳しい

新製品の技術的な話に終始

顧客のメリットについては一切話さない
専門用語が多く、話があちこちに飛んで、支離滅裂

Bさん……**平均的な営業マン**

技術的なことにはうとい

顧客のメリットをわかりやすく説明

専門用語を使わず、素人にもわかる言葉で
話がすっきりしていてわかりやすい

10 わかりやすい説明のコツ
相手にイメージを描かせる

専門的なむずかしい事柄でも、説明次第では、相手にやさしくわからせることができる。

そんな例が「HUMAN WAVE」（一九九二年三月号、社会保健研究所）の特集、インタビュー「進化論」にあった。女優の高橋恵子さんが、自治医科大学教授の長野敬氏（肩書き、記事掲載時）に、進化論についてのインタビューを試みている。その一部を紹介しよう。

相手の立場に立って説明する

高橋――進化って、本当に長い時間がかかることなんですね。

長野――地球が成立したのは、だいたい四十六億年前、宇宙のはじまり、いわゆるビッグバンは百五十億年前です。たとえば、その宇宙の誕生を一月一日として現在までを丸一年と考えると、地球の成立がもう秋口になっちゃうわけです。最も古い化石がおおざっぱに言って十月、十一月、十二月の中ごろになっても恐竜が出てこない。氷河時代を含めて、いわゆる歴史になっているのは、全部十二月の大みそかの夜もふけてということになってくるんです。

高橋――人類の誕生は？

長野――さっきの北京原人が夜の十一時ごろ、新人が生まれたのは、大みそかのあと何分というようなところになってきます。

高橋――もう紅白も終わり。秒読みですね。

長野――十一時五十九分二十秒農業の発明。四秒前にならんというところ、ようやくキリストが生まれた。

高橋――文明とか文化とか言っても、このタイムスケールだと最後の一分に満たない、束の

4 話の構成を整理しておく。
5 話の順序を乱さない。
6 比喩・たとえ話を的確に使う。

PHP since 1946
60th ANNIVERSARY 2006
きっと、
新しい自分が
見えてくる
PHPブックフェア

PHPブックフェア
愛読者プレゼント

素敵な賞品を抽選でプレゼント!

A賞

高級皮製ブックカバー

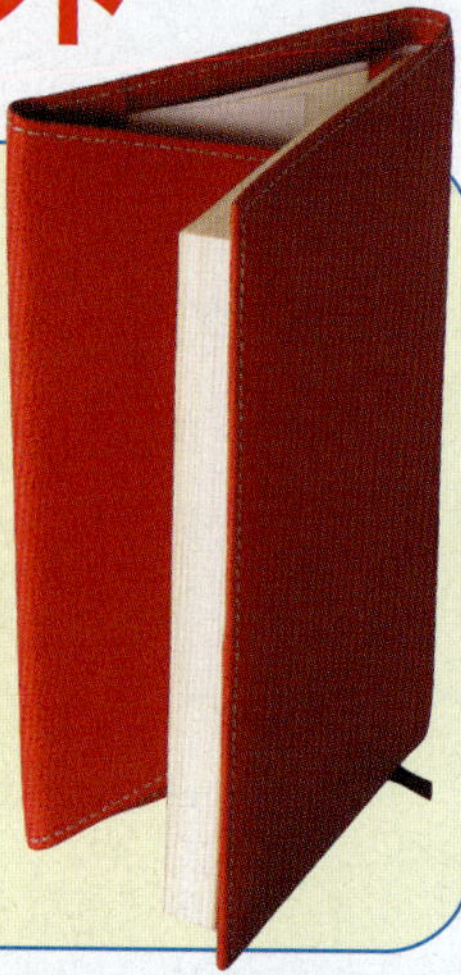

サイズをお選びください。 150名様

①単行本 ②新書 ③文庫

（誠に勝手ながら色はこちらで指定させていただきます。）

※写真はイメージです。

B賞

図書カード2,000円分

300名様

応募方法 PHP夏のフェア対象品目に挟み込まれたチラシの応募券を郵便ハガキに貼り、◎ご希望の賞品コース（A賞はサイズも）◎郵便番号・住所 ◎氏名 ◎年齢 ◎電話番号 を明記し、下記の宛先までご応募下さい。ハガキ1枚につき1口といたします。なお、発表は賞品の発送をもって代えさせていただきます。

応募先 〒102-8331 東京都千代田区三番町3-10
PHP研究所　企画部「ブックフェア」係

締　切 平成18年11月7日（火） 当日消印有効

・当キャンペーンでお寄せいただいた個人情報は、応募者への連絡、当選賞品の発送以外の他の目的には使用いたしません。

・賞品の仕様は一部変更させていただく場合がございます。予めご了承下さい。

PHPブックフェア
愛読者プレゼント
H18.11.7 締切
PHP
応募券

間の出来事というわけですね。

いかがだろうか。きっと、あなたの頭のなかには、一五〇億年のタイムスケールがはっきりと描けたに違いない。進化に極めて長い時間がかかることが、わかったはずである。

長野氏は、相手の立場に立った説明をしている。過去から現在までの時間の流れを順に追い、また一年というタイムスケールを使い、秋、大みそかなどのたとえで、高橋さんにとっての未知の出来事を既知の出来事に置き換えて、イメージを描かせることに成功した。

あたかも見てきたかのように表現する

説明上手は、そのものを見てきたかのように表現するのがうまく、相手にイメージを描かせるコツを心得ている。それは、次の通りである。

①説明する事柄をイメージしておく。
②イメージ化のプロセスをよく理解しておく。
③どうすれば相手がイメージを描けるかを考えておく。
④話の構成を整理しておく。
⑤話の順序を乱さない。
⑥比喩・たとえ話を的確に使う。

これらを心得たうえで、自分だったらどうなのかを徹底的に考えるとともに、相手のことも考えて、自分と相手との接点を見出す。必ず両者の接点は、見つかるはずである。相手にイメージを描かせる。それが説明上手である。

相手にイメージを描かせるコツ

1 説明する事柄をイメージしておく。
2 イメージ化のプロセスをよく理解しておく。
3 どうすれば相手がイメージを描けるかを考えておく。

POINT

自分だったらどうなのかを徹底的に考えるとともに、相手のことも考えて、自分と相手との接点を見出す。そうして、相手にイメージを描かせる。それが説明上手である。

PART 2 「うまい!」と思わせるテクニック

11 事前に説明内容を把握しておく

イメージを描かせる勘所

まずは、紙と鉛筆を用意していただきたい。これから簡単な絵を描いていただこう。あなたが、どのくらいものを見る力があるかを試すものである。描いていただくのは、左ページのアリの絵である。目を凝らしてよく見ていただきたい。絵をしっかり頭のなかに入れたところで、この本を伏せ、見たままを用意した紙に描いていただきたい。

特徴を正確にとらえる

さて、あなたは、どんな絵を描いただろうか。一般的に、次の点をよく間違える。

①頭、胸、腹の区別をしないで描いている。
②足の数が少なかったり、多かったりしている。
③節のない足を描いている。
④腹から出る足を描いている。
⑤触角を描いていない。
⑥触角を足と間違えて描いている。
⑦複眼を描いていない。

いかがだろうか。正確に描けた人は少ないはずである。簡単なようで、意外とむずかしい。

アリの外見上の特徴は、次の四点である。

①体は頭、胸、腹に分かれている。
②節のある足が胸に六本ついている。
③触角が頭に二本ついている。
④複眼が両側に離れてついている。

このアリの特徴をとらえられていたなら、間違った絵は描かなかったはずである。間違って描いた人は、じっくりと絵を見ても、アリの特徴をつかめなかったことになる。

ということは、アリがどんな形をしているのか、その特徴を自分以外の人に説明せよと言われたときに、正確に説明できないことになる。しかも、しっかりとイメージが描けていないために、しどろもどろになる確率が高くなる。

心の目でものを観る

論理的説明には、ものを正確にとらえる目が欠かせない。あなたは、アリの絵をただ見ただけであり、「観察」をしていなかった。心の目でものを観ていなかったのである。この観察によって、ものの本質をとらえることができる。

このことを剣豪宮本武蔵は『五輪書』のなかで、「見の眼と観の眼」と言っている。剣の極意は、肉眼でものを見たのではつかめない。心の目でものを観なければ、つかめるものではないと言っているのである。

説明でも同じことが言える。肉眼でものを見た説明は、説明しながらわかっていない自分に気づいてしまうことが多い。そのために、途中で自分自身が描いていたイメージが崩れてしまって、自分でも何を説明しているのか、どう説明すればよいのかわからなくなる。当然ながら、相手もイメージを描けなくなる。

一方、心の目でものを観た説明は、本質をとらえているだけに、自分のなかで確固としたイメージが描けている。説明の仕方も違ってきて、相手がイメージを描きやすくなるのである。説明上手は、このことをよくわかっている。だから、事前に説明内容をしっかりと把握している。

「観察」でものの本質をとらえる

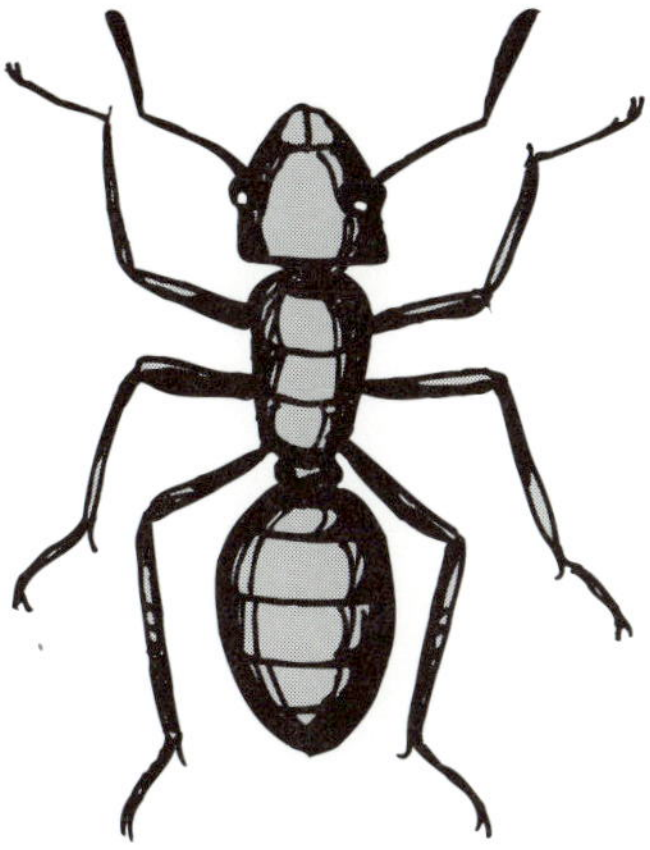

- 頭、胸、腹の区別をしたか
- 足の数は正しいか
- 節のない足を描いていないか
- 腹から出る足を描いていないか
- 触角を描いたか
- 触角を足と間違えて描いていないか
- 複眼を描いているか

肉眼でものを見た説明

説明しながらわかっていない自分に気づいてしまう
↓
途中で自分自身が描いていたイメージが崩れてしまう
↓
自分でも何を説明しているのか、どう説明すればよいのかわからなくなる
↓
相手もイメージを描けなくなる

心の目でものを観た説明

本質をとらえている
↓
自分のなかで確固としたイメージが描けている
↓
相手がイメージを描きやすくなる

POINT

心の目でものを観た説明は、自分のなかで確固としたイメージが描けているので、相手がイメージを描きやすくなる。説明上手は、事前に説明内容をしっかりと把握している。

12

相手に何を伝えたいのか明確にする

思いを整理する方法

あなたは、相手に何を伝えたいのか明確につかんで、説明をしているだろうか。このことは、論理的な説明をするうえで、大変重要なことである。なぜならば、これが説明のテーマ（題）だからである。テーマのない説明は、素人が撮ったスナップ写真と同じである。

しっかりテーマを把握する

私は、たまに子供のスナップ写真を撮ることがある。夢中で遊んでいる子供の姿が、「かわいいな」と思って、シャッターを押す。その写真ができあがると、「なんだこれ。なんで、こんな写真を撮ったのかわからない」ということがよくある。

それはなぜだろうか。一言でいえば、私がシャッターを押したときに、なぜこの場面を撮るのか、子供のどこがかわいいのか、はっきりとつかんでいなかったからである。

顔の表情がかわいかったのか、仕種がかわいかったのかなど、しっかりとかわいさのポイントをつかんでいなかったからなのである。ただ漠然と「かわいい」と思って、シャッターを押しただけだったのである。

自分で、自分の撮ったポイントがわからなくなるのだから、人が見てもわからないはずである。素人が撮ったスナップ写真がつまらないわけである。テーマをもっていないのだから当然である。

新聞や展覧会などで、「いいな」「おもしろいな」と思う写真は、作者の言いたいことや訴えたいことが、見る側に力強く伝わってくる。なぜだろうか。作者の思いが明確だからである。ただ漠然と撮っているのではない。しっかりとしたテーマをもって、シャッターを押しているのである。

説明でも同じである。説明上手は、言いたいことや訴えたいことを明確にしている。「何を」「なんのために」「だれのために」を考えて、考え抜いて話しているのである。決して、漠然とは話していない。

聞き手に余分なことを考えさせない

一方、説明下手は、この考え抜く作業をしていない。自分の思いを整理しないままに話すのだから、説明は散漫になるに決まっている。

聞き手は、説明者の思いがはっきりつかめず、ああでもない、こうでもないと、余分なことを考えてしまう。余分なことを考えたら説明に集中できない。説明に集中できなければ、話は聞けない。どんなに時間をかけても無駄である。説明は、徒労に終わってしまう。

さらに、聞き手は、説明者の話を聞くときに、自分の体験・経験に照らして、物事を考えたり、聞いたことを歪曲したり、余分なものをつけ足したりする傾向がある。このために、自分勝手な解釈をしてしまいがちになる。

だから、自分の思いをはっきりさせておかないと、聞き手にはあなたの思いが明確に伝わらないのである。説明上手は、相手に何を伝えたいのかを明確につかんでいる。

自分の思いをはっきりさせる

説明上手

言いたいことや訴えたいことが明確

説明下手

自分の思いを整理しないままに話すから、説明は散漫

POINT

自分の思いをはっきりさせておかないと、聞き手にはあなたの思いが明確に伝わらない。説明上手は、相手に何を伝えたいのかを明確につかんでいる。

13 話を組み立てる方法

組立てはテーマへの統一感がポイント

絵画の最も基本的な要素は、構図である。優れた絵は、各構成部分の配置と位置、それらの相互のリズム、さまざまな明暗の調子の整理と「動き」を計算に入れながら、テーマの統一にすべてを従わせることに成功したものである。

絵を生業としている者にとって大切なことは、いかに人の目を引くように構図をとるかということである。人びとの興味・信頼・欲求を創造して、それを持続させ、買うという行為にまで結びつけなければならないからである。

ゴミの分類を考えてみよう

説明者は、画家と同じである。いかに聞き手の興味・信頼・欲求を創造して、それを持続させ、説得という行為を受け入れてもらうかである。こうなると、いかに人に聞いてもらえるかという話の組立てが問題になる。

「話の組立て？　複雑でむずかしいんじゃないの」と、あなたは言うかもしれない。話の組立ては、形式的なものであり、学習によってつかむことができる。むずかしいものではない。

話の組立ては、①何を言いたいのか、訴えたいのかというテーマ（題）、②テーマを支持する主題、③主題を支持する中題（主要論点）、④中題を支持する小題、⑤小題を支持する支援文、の五点を整理し、配列することである。

これは、ゴミの分類を考えるとわかりやすい。私の住んでいる町では、ゴミを資源物とゴミの二つに分けている。そして、ゴミは燃やせるゴミ、燃やせないゴミ、粗大ゴミ、収集できないゴミの四つに分けられている。このうち、燃やせないゴミをとりあげてみると、瀬戸物類、ガ

中　題
（資源物　ゴミ）
③ 主題を支持する中題（主要論点）

小　題
（燃やせるゴミ　燃やせないゴミ　粗大ゴミ　収集できないゴミ）
④ 中題を支持する小題

支援文
（瀬戸物類、ガラス類、割れビン、ゴム　プラスチック類、その他）
⑤ 小題を支持する支援文

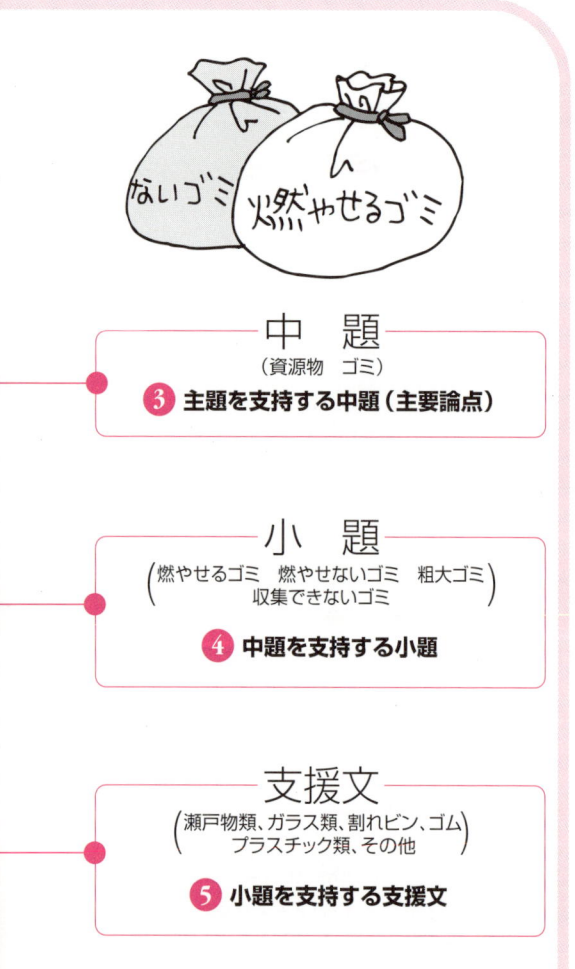

ラス類、割れビン、ゴム・プラスチック類、その他に分けられている。

　このように、全体と細部との関係は、合理的なつながりをもっている。さらに分けようと思えば、いくらでも分けられる。

部分と全体の関係を明確にする

　これを説明における話の組立てに置き換えてみれば、次のとおりである。

①主題は、ゴミを合理的に回収すること（ここでは、テーマと主題が一致している）。

②中題は、資源物とゴミの二点である。

③小題は、燃やせるゴミ、燃やせないゴミ、粗大ゴミ、収集できないゴミの四点である。

④小題を支持する支援文は、瀬戸物類、ガラス類、割れビン、ゴム・プラスチック類、その他である。

　このように、全体を部分に分け、その部分を細部に分けながら、分割された部分や細部が、全体とどのような関係にあるのかをいつでも明確にしておくことが大切である。

　上手な説明は、優れた絵と同じで、各構成部分の配置と位置、それらの相互のリズム、話の濃淡の整理と「動き」を計算に入れながら、テーマへの統一にすべてのことを従わせることに成功したものである。

　説明上手は、この話の組立て方が極めてうまいのである。

5点を整理して配列する

主　題
（ゴミの合理的な回収）

1 何を言いたいのか、訴えたいのかというテーマ（題）

2 テーマを支持する主題

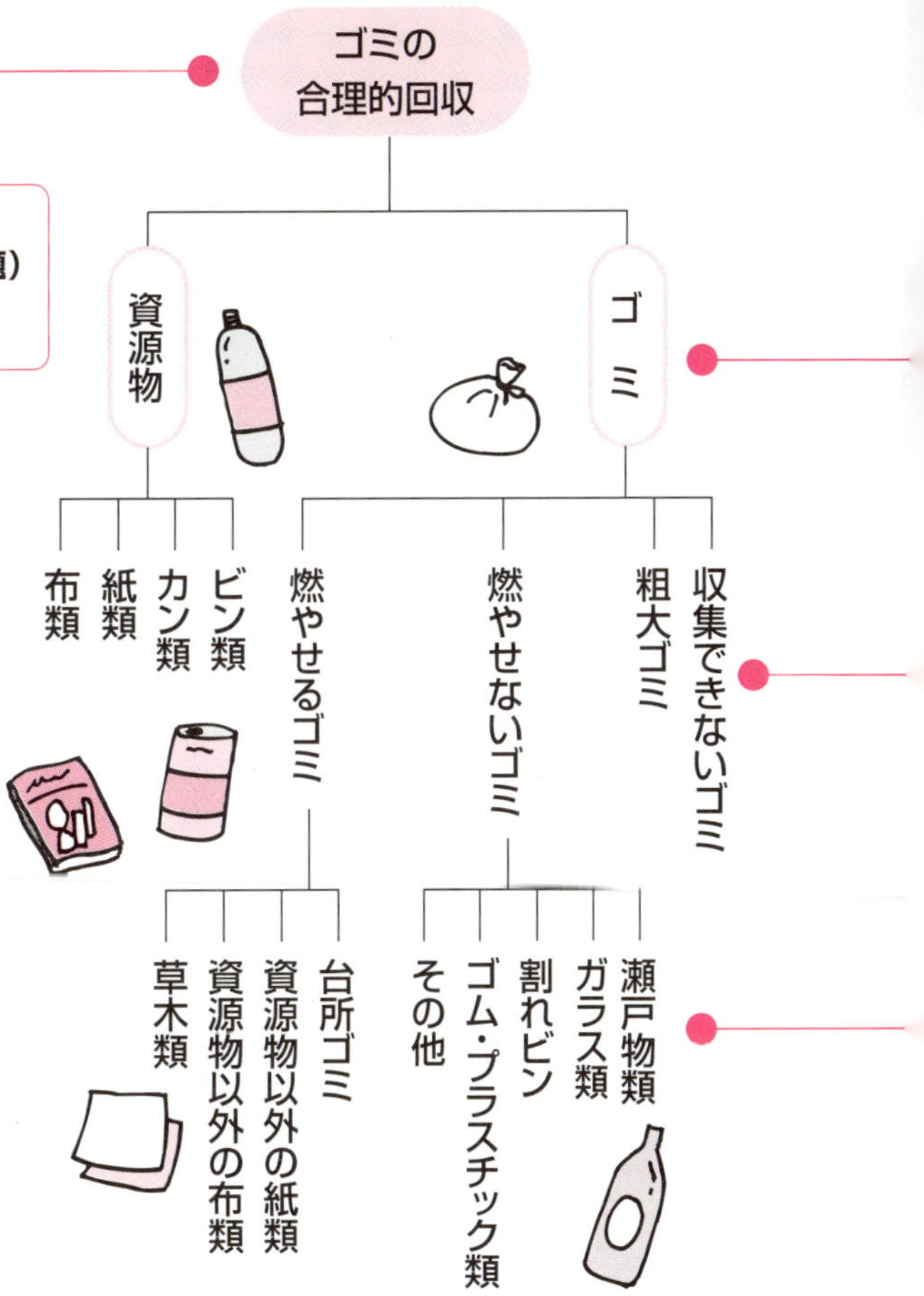

POINT

上手な説明は、各構成部分の配置と位置、それらの相互のリズム、話の濃淡の整理と「動き」を計算に入れながら、テーマへの統一にすべてのことを従わせることに成功したものである。

14 時間の順序に従う

ひっかかりのない順序で話していく

どんな仕事にも、押さえるべきポイントがある。泥棒という仕事も例外ではない。盗みをできるだけ早くすませて、現場から速やかに立ち去るのがポイントである。ぐずぐずしていては、それだけ捕まる可能性が高くなる。

このために、泥棒は入る・盗む・逃げるの三段階のストーリーを考え、どこから入るか、どれから盗むか、どこから逃げるかの順序を考える。この順序が整然としていないと、捕まる可能性が高くなってしまう。

説明上手は順序を誤らない

タンスの引出しを開ける場合には、下から上への順序で開け放す。この順序を誤って、上から下へ開けていくと、引出しを開けてはまた閉めるという余分な手間がかかってしまい、無駄な時間を費やすことになってしまう。だから、泥棒は間違ってもそんなことはしない。

説明も同じである。順序が肝心である。説明上手は、順序を決して誤らない。ここでは、最も重要なものの一つである時間の順序をとりあげてお話ししよう。

時間の順序は、出来事などが起こった順序に従って、話していく方法である。過去から話して、現在のことを語り、そして未来に思いを馳せる。これが、時間を行ったり、来たりする構成だとわかりにくくなる。時間の順序に乱れがあってはいけない。

時の経過を順を追って説明する

われわれは、時間の順序に従って話してもらうのが、いちばん楽に聞けるし、理解もスムーズにできる。新製品の販売状況の説明など、時間の順序に従って話すとわかりやすい。

「今年一月に出した新製品の販売状況は、現在まで順調な売行きをみせています。一月に五〇台、二月に六〇台、三月に七〇台、そしてこの四月は八〇台と、毎月一〇台ずつの伸びをみせています。この調子でいけば、来月の五月は九〇台、六月は一〇〇台の売上が期待できます」

このように、時の経過に従って説明すれば、なんのひっかかりもなく、スムーズに聞き手に受け入れられる。しかも、時間とともに売上が伸びていくので、右肩上がりの上昇ラインをイメージさせることができる。

もし、これを「この四月は、八〇台の売上を計上しました。来月の五月も九〇台、六月も一〇〇台は期待できます。一月に五〇台、二月に六〇台、三月に七〇台と、順調に毎月前月比一〇台ずつの売上の伸びをみせ、順調な売行きです」と言ったらどうだろうか。

先の例と比べると、聞き手の受け取り方は大きく違ってくる。あとの例は、現在の話をして、未来の話をして、過去の話をしている。とてもわかりづらいし、五月の九〇台、六月の一〇〇台の売上が期待できるということの印象が薄くなってしまう。なかには根拠なしのいい加減なものと感じる人もいるかもしれない。

説明上手は、秩序感覚に優れ、説明の順序にひっかかりがない。

時間の順序に従って話す

「今年の1月に出した新製品の販売状況は、現在まで順調な売行きをみせています」

過去

「1月に50台、2月に60台、3月に70台」

現在

「そしてこの4月は80台と、毎月10台ずつの伸びをみせています」

POINT

時の経過に従って説明すれば、なんのひっかかりもなく、スムーズに聞き手に受け入れられる。説明上手は、秩序感覚に優れ、説明の順序にひっかかりがない。

未来

「この調子でいけば、来月の5月は90台、6月は100台の売上が期待できます」

15

説明の六つの手続き

論理的説明のプロセスを理解しよう

これまでの話からいえることは、説明上手は意識的にあるいは無意識的に、次の手続きを踏んでいるということである。

説明のよし悪しは組立てで決まる

①目的・目標の設定

だれに、何を、なんのために、どんな効果をねらって、説明するのかを明確にする。

計画性がなければ、失敗の確率は極めて高くなる。

②情報収集・記憶の検索

説明する事柄の内容や周辺情報、説明対象者の性格・考え方・好み、説明の時間帯、結果の予測・評価などの情報収集や自分のなかにある記憶の検索をする。

ここでは、できるだけ多くの情報を集めておくことが大切である。

③切断

情報収集や記憶の検索で得られた説明のための情報を頭のなかで、あるいはカードを使って、

4 組立て

切断された情報を聞き手にわかりやすいように論理的に組み立て、話の順序を考える。

5 実行

組立てが終わったら、あとは実行あるのみ。わかりやすい言葉を選び、聞き手の表情や目の動き、体の動きなどの反応を見ながら、明瞭な口調で話す。

6 振り返り

実行の結果を振り返り、説明の良かった点、悪かった点をチェックし、次の説明のための反省材料にする。

ばらばらに切断する（四八ページ参照）。

聞き手にわかりやすいように、話を組み立てるためである。

④組立て

切断された情報を聞き手にわかりやすいように論理的に組み立て、話の順序を考える。

これがうまいか、そうでないかで、説明のよし悪しが決まってしまう。

⑤実行

組立てが終わったら、あとは実行あるのみである。わかりやすい言葉を選び、明瞭な口調で話す。

もちろん、聞き手の表情や目の動き、体の動きなどの反応を見ながらである。用意した説明資料ばかりに目を向けていては、成功はおぼつかない。

⑥振り返り

実行の結果を振り返り、説明の良かった点、悪かった点をチェックし、次の説明のための反省材料にする。

ほとんどの人が、⑤の実行で終わっている。振り返りがなければ進歩はない。

この①から⑥の手続きは、論理的説明をするうえで、欠かせないものである。とくに、③の切断と④の組立ては大事である。論理的説明をするには、この二点について、徹底的に研究する必要がある。

論理的説明のプロセス

1 目的・目標の設定

だれに、何を、なんのために、どんな効果をねらって、説明するのかを明確にする。

2 情報収集・記憶の検索

説明する事柄の内容や周辺情報、説明対象者の性格・考え方・好み、説明の時間帯、結果の予測・評価などの情報収集や自分のなかにある記憶の検索をする。

3 切断

情報収集や記憶の検索で得られた説明のための情報を頭のなかで、あるいはカードを使って、ばらばらに切断する。

POINT

この1から6の手続きは、論理的説明をするうえで、欠かせないものである。説明上手は意識的にあるいは無意識的に、これら6つの手続きを踏んでいる。

PART 3 わかりやすい話の組立て方

16 上手な説明には「変化」と「統一」がある

変化と統一の理論

パブロ・ピカソ。世界中のだれもが知っている絵の大巨匠である。あなたは、このピカソの絵を見たとき、どんな印象をもっただろうか。

変化をコントロールする

ピカソの絵は、とにかく変化のあるおもしろい絵である。しかも、その変化がでたらめではなく、ある種の統一性をもっている。ピカソの絵には、変化のなかに統一があり、統一のなかに変化がある。それゆえに、われわれの目を引きつけ、離さない。これは、ピカソの絵に限らない。優れた絵が必ずもっているもの、それが「変化のなかの統一、統一のなかの変化」なのである。

それでは、「統一のなかの変化」とはなんだろうか。まず、「統一」とは、色・形・位置・大きさ・明暗・線などの絵をつくりあげているすべての要素の配置とリズムなどを考えながら、興味の中心である主題の統一に、すべてのことを従わせることである。

次に、「変化」とは、色・形・位置・大きさ・明暗・線の変化であり、絵をつくりあげているすべての要素の配置における変化のことである。この「変化」が見る人の心を引きつけ、さらにその人の興味を駆り立てる。

これらのことから、「統一のなかの変化」とは、「変化」が全体の秩序と統一を響かせながら、コントロールされ、組織立てられているということであり、「変化のなかの統一」といってもよい。だから、優れた絵には、「変化のなかの統一、統一のなかの変化」があるというのである。

主題に従わない変化は「でたらめ」

これは、説明にもそのまま当てはまる。説明の「統一」とは、内容・構成・配置・順序・声・表情などの説明をつくりあげているすべての要素を考えながら、説明の中心である主題の統一にすべてのことを従わせることである。

説明の「変化」とは、論理の流れに沿いながら、それを裏づける事実・実例などの変化や説明をつくりあげているすべての要素の変化のことであり、それは説明の中心である主題に従っていなければならない。主題に従わない変化は、「変化」ではなく、「でたらめ」という。

だから、説明の「変化のなかの統一、統一のなかの変化」は、説明の中心である主題を浮き彫りにするように、事実・実例・構成・配置・順序・声・表情などを変化させることなのである。とくに、事実・実例などを、構成・配置・順序といった話の組立て方の力を借りて、主題に合わせて変化させるということである。

上手な説明には、必ず「変化のなかの統一、統一のなかの変化」がある。下手な説明は、統一があっても変化がない。また、変化があっても統一がない。さらには、統一もなく変化もないのである。

話の組立て方は、この「変化のなかの統一、統一のなかの変化」を説明にもたらす大部分を占める重要なものであり、命なのである。

説明の「変化」と「統一」

説明の「変化」

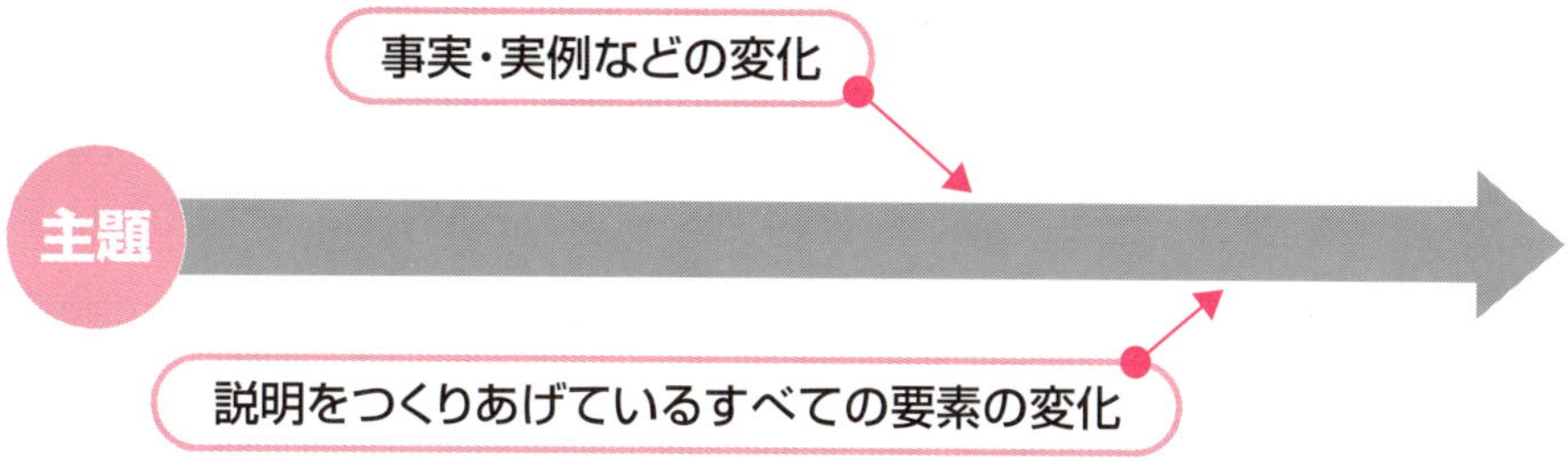

論理の流れに沿いながら、それを裏づける事実・実例などの変化や説明をつくりあげているすべての要素の変化のことであり、それは説明の中心である主題に従っていなければならない。

説明の「統一」

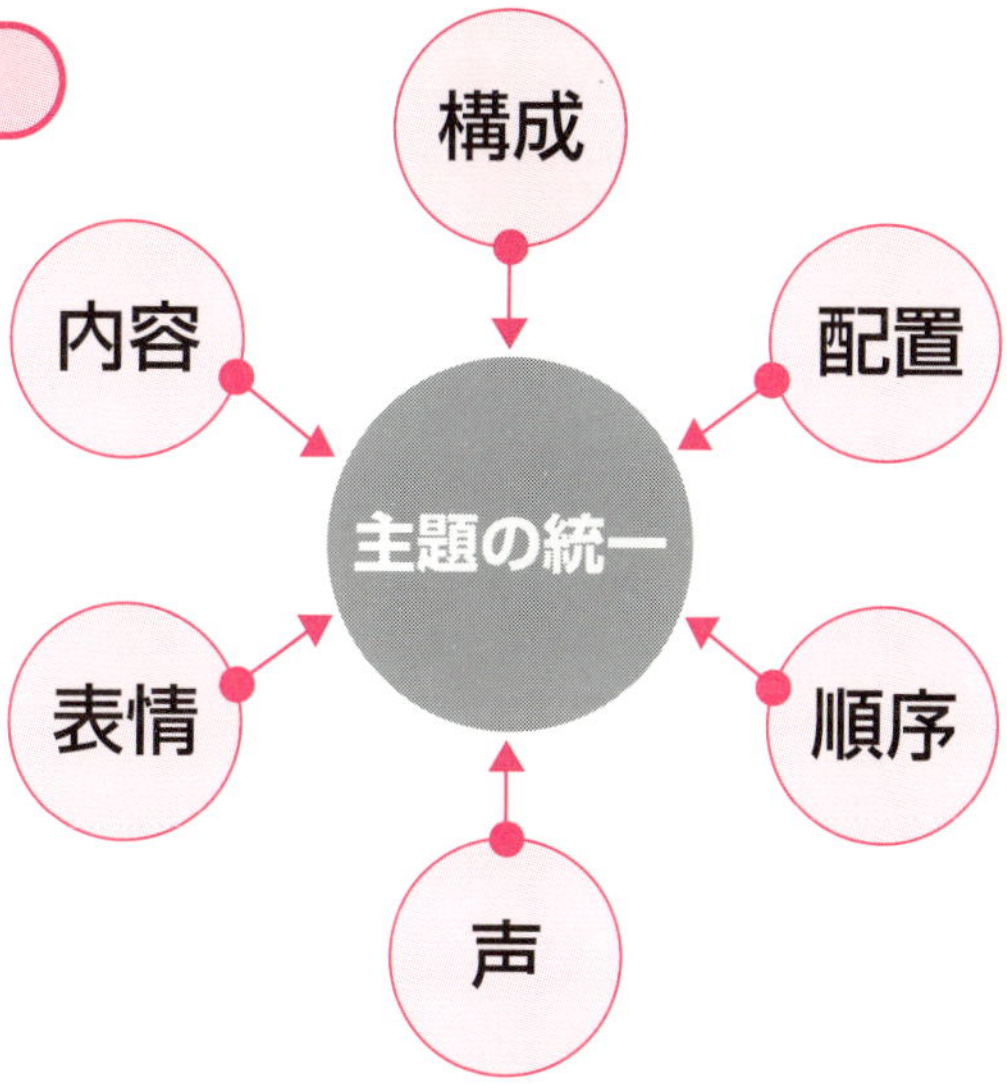

内容・構成・配置・順序・声・表情などの説明をつくりあげているすべての要素を考えながら、説明の中心である主題の統一にすべてのことを従わせる。

POINT

上手な説明には、必ず「変化のなかの統一、統一のなかの変化」がある。下手な説明は、統一があっても変化がない。また、変化があっても統一がない。さらには、統一もなく変化もない。

17

序論・本論・結論の三段階法が基本

説明の構成の基本

人びとに話しかけ、その心を魅了しようとするスピーチの構成は、起・承・転・結の四段階法が基本である。しかし、説明は事柄をよくわかるように話すことであり、構成が異なる。

説明の構成の基本は、序論・本論・結論の三段階法である。簡単にいえば、前置き・本論・結びということになる。

序論で説明の目的を伝え、本論で目的とすることについて話を展開し、結論でその話をまとめる。それぞれの時間配分は、おおよそ序論が全体の一割から二割、本論が七割から八割五分、結論が五分から一割が適当である。

序論で相手の注意を引きつける

「物事は最初が肝心」などとよく言われるように、説明でもはじめが肝心である。はじめで、相手に「聞きたくない」と思われてしまっては、なんのための説明かわからなくなる。

序論の目的は二つある。一つは、短い時間のなかで、相手の注意を引きつけ、聞く態勢をつくること。もう一つは、テーマについて大まかなアウトラインを話して、相手が何を期待することができるかを明らかにすることである。

では、序論ではどんなことを話すのか。次の三つのポイントを中心に考えればよい。

①説明するテーマの背景や概要などを話し、予備知識を与える。

②説明するテーマについての従来のものなどとの比較、あるいは実例などを話す。

③説明の展開の順序を話す。とくに、込み入った説明には威力を発揮する。

結論では新しい話題をもち出さない

飛行機の操縦は、離陸と着陸がむずかしいという。飛行機事故の多くは、着陸時に起きる。うまく空を飛べても、地上に戻ってこられなければなんにもならない。

説明も同じである。序論、本論とスムーズに展開しても、結論をしくじっては、それまでの苦労は水の泡である。

結論のポイントは、次のとおりである。

①本論で展開された内容を要約し、本論とは別の言葉で話す。そして、序論の目的と結びつける。

②本論と他の事柄との関連を指摘し、今後の対応策や検討事項などを話し、問題意識をもってもらう。

結論で気をつけなければならないことは、本論のなかにまったく出てこなかった話題をもち出すことである。

着陸して、ひと安心と思った瞬間、飛行機が再び空に飛び立つのでは、乗客は何があったのかと不安に思う。一度終わりをみせた説明は、それでおしまいにすべきである。

あなたは、いかがだろうか。こんな説明をしていないだろうか。結構、皆さんやっている。

なお、本論については、次節以降で具体的にお話しする。説明の組立ては、起・承・転・結の四段階法ではなく、序論・本論・結論の三段階法が基本であることを忘れてはならない。

説明の基本構成は三段階法

序論（前置き）	本論	結論（結び）
説明の目的を伝える（全体の１割～２割の時間）	目的とすることについて話を展開（全体の7割～8割5分の時間）	その話をまとめる（全体の５分～１割の時間）

（序論）

1. 説明するテーマの背景や概要などを話し、予備知識を与える。
2. 説明するテーマについての従来のものなどとの比較、あるいは実例などを話す。
3. 説明の展開の順序を話す。とくに、込み入った説明には威力を発揮する。

（結論）

1. 本論で展開された内容を要約し、本論とは別の言葉で話す。そして、序論の目的と結びつける。
2. 本論と他の事柄との関連を指摘し、今後の対応策や検討事項などを話し、問題意識をもってもらう。

＊本論のなかにまったく出てこなかった話題をもち出してはいけない。

POINT

説明の組立ては、起・承・転・結の四段階法ではなく、序論・本論・結論の三段階法が基本であることを忘れてはならない。

18

本論の構成と展開

本論は主題、中題、小題を明確にする

ハンバーガーの宣伝で、ハンバーグをはさむパンがおいしいというのは、あまり見聞きしない。「ビーフ一〇〇％」のように、ハンバーグ自体の品質、肉のうまさ、量などを強調する。

説明でも、ハンバーガーの宣伝と同じで、序論と結論にはさまっている本論を強調する。

序論と結論は、出来がよいにこしたことはないが、序論と結論だけで相手を納得させたり、説得したりすることは不可能である。本論の出来がよくなければどうしようもない。

主題は最も強く訴えたいこと

それでは、本論の構成・展開はどうしたらよいのだろうか。まずは、本論の構成からお話ししよう。本論は、主題、中題、小題、支援文から構成されている。それぞれについては、次のとおりである。

1 主題

与えられたテーマ（題）、あるいはあなたが選択したテーマのなかで、聞き手に対して、最も強く訴えたいことであり、童話『桃太郎』でいえば、主人公の桃太郎がこれに当たる。

2 中題

主題に従い、内容を具体化する、あるいは主題を確かなものとする理由、論点、問題点などである。この中題は、三つまでが望ましい。相手は、あまりに中題が多いと覚えきれない。多くても、せいぜい五つまでである。『桃太郎』でいえば、家来の猿、犬、きじに当たる。

3 小題

中題に従い、内容をさらに具体化するもので、支援文の主題といわれる。猿、犬、きじが桃太

本論の展開の仕方

① 中題から入り、小題で具体的な内容を話し、主題で終える方法

なかなか主題が出てこないので、聞き手は話し手が何を言いたいのか、早く知りたいという欲求が起こってくる。聞き手の注意を引きつけ、好奇心をくすぐるのには、もってこいの進め方である。

② 主題をはじめに言って、中題、小題で具体的な内容を話す方法

冒頭で何を言いたいのかが明確になるので、聞き手は説明のゴールを見ることができる。したがって、話に集中できる。テクニックもさほど必要としない。

郎のためにとった行動である。なお、支援文はその行動の具体的な中身である。

中題から入るか主題から入るか

本論の展開の仕方は、二通りある。一つは、中題から入り、小題で具体的な内容を話し、主題で終える方法。もう一つは、主題をはじめに言って、中題、小題で具体的な内容を話す方法である。具体的には、次のとおりである。

1 本論の最後で主題を話す方法

なかなか主題が出てこないので、聞き手は話し手が何を言いたいのか、早く知りたいという欲求が起こってくる。聞き手の注意を引きつけ、好奇心をくすぐるのには、もってこいの進め方である。しかも、説明の調子も柔らかくなる。一般的によく使われる方法である。

2 本論の冒頭で主題を話す方法

冒頭で何を言いたいのかが明確になるので、聞き手は説明のゴールを見ることができる。したがって話に集中できる。私は、この方法をお勧めする。テクニックも、さほど必要としないからである。ただし、白黒の決着をつけなければならない説明では、この方法は避けたほうが賢明である。聞き手の意に沿わなくて、終わりまで聞いてもらえないこともあるからである。

論理的な説明は、本論の主題、中題、小題が明確になっていなければならないことを心に銘じていただきたい。

本論の構成と展開の仕方

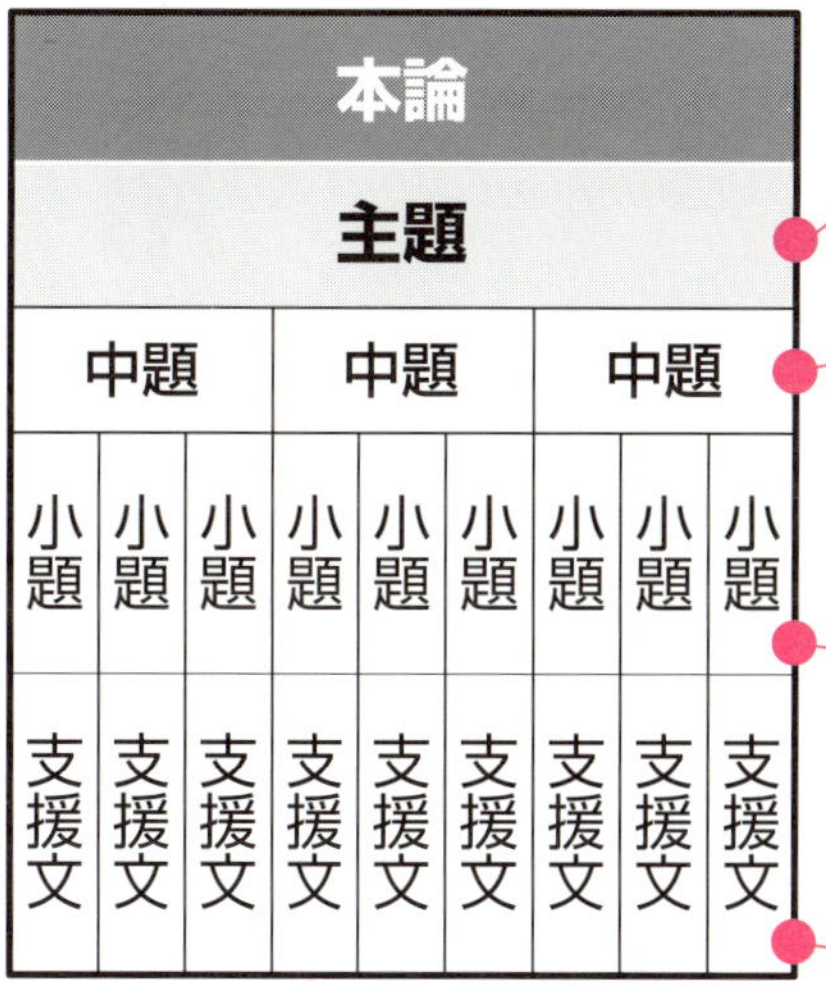

主題

与えられたテーマ（題）、あるいはあなたが選択したテーマのなかで、聞き手に対して、最も強く訴えたいこと。

中題

主題に従い、内容を具体化する、あるいは主題を確かなものとする理由、論点、問題点。中題は、3つまでが望ましい。多くても、せいぜい5つまで。

小題

中題に従い、内容をさらに具体化するもので、支援文の主題といわれる。

支援文

小題の具体的な中身。

POINT

論理的な説明は、本論の主題、中題、小題が明確になっていなければならない。

PART 3 わかりやすい話の組立て方

19 起承転結の活用

四コマ漫画の展開を活用してみる

新聞や週刊誌などには、必ずといってよいほど、四コマ漫画が載っている。言葉が少ないので、読む人それぞれのとらえ方ができる。とくにおもしろいのは、三コマ目と四コマ目である。ときには、私の想像できないものが展開されることがある。そんなときは、「お主、なかなかやるわい」と、作者のセンスに脱帽する。

起承転結の四段階法も心得ておく

四コマ漫画は、起承転結でできている。起承転結は、文章構成法では最も自然な方法として知られている。もともとは、漢詩の形式の一つである絶句の構成を表わしたものである。

起句 思いを提示する。
承句 起句の思いをさらに説明する。
転句 話を転じ、本論を際立たせ、結論へ導く。
結句 結論、今後の方向、見通しなどを話す。

この起承転結を左ページの四コマ漫画に当てはめて、解説することにしよう。

①一コマ目（起句）

机に向かって、本の原稿を書いている一人の中年の男。机の上には、丸めた原稿用紙が散らばっている。この四コマ漫画の主題への幕が切って落とされた。すでに、あなたの頭のなかには、机に向かって、本の原稿を書いている一人の男の姿がイメージされている。

②二コマ目（承句）

しかしながら、なかなか納得のいく構想が思い浮かばない。男の表情には、苦悩の色がありありとうかがえる。これを見たあなたは、「本を書くって大変なんだな」と思うはずである。一コマ目の起句を受けて、さらにこの二コマ目が状況を詳しく説明している。

③三コマ目（転句）

ここで、奥さんが登場する。「あなた、さっきから全然進んでいないのね。散歩でもして、気分転換したら」と言って、夫を外に送り出す。これまでの二コマの場面とは、異なった場面となる。これで話が転じ、本論を際立たせる。そして、結論への伏線をつくり出す。

④四コマ目（結句）

散歩中にアイデアがひらめく。そのあとの原稿は、スムーズに書けるというわけである。結論は、「悩んだあとのリラックスがアイデアを生む」。これが、この漫画の主題である。

説明に深みをもたせる

起承転結の四段階法を説明に使うと、三段階法とは一味違ったものになる。

三コマ目で話を転じて、本論を際立たせたように、説明でもいったん立場を変えて、違った見方で主題を考えてみる。こうすると、主題が浮き彫りにされたうえ、一人よがりではない深みのある説明ができる。

説明は、事柄の内容などをよくわかるように話すことであり、人の心のヒダにまで、話を落とし込む必要はない。だから、基本的には、三段階法の構成で進める。しかし、主題を浮き彫りにしたい場合や奥行きを出したい場合などには、起承転結を使うと効果的である。

4段階法の展開の仕方

1 1コマ目 起句

机に向かって、本の原稿を書いている中年の男。机の上には、丸めた原稿用紙が散らばっている。すでに、あなたの頭のなかには、机に向かって、本の原稿を書いている1人の男の姿がイメージされている。

2 2コマ目 承句

なかなか納得のいく構想が思い浮かばない。男の表情には、苦悩の色がありありとうかがえる。これを見たあなたは、「本を書くって大変なんだな」と思う。

3 3コマ目 転句

奥さんが登場。「あなた、さっきから全然進んでいないのね。散歩でもして、気分転換したら」と夫を外に送り出す。これで話が転じ、本論を際立たせる。そして、結論への伏線をつくり出す。

4 4コマ目 結句

散歩中にアイデアがひらめく。そのあとの原稿は、スムーズに書けるというわけだ。結論は、「悩んだあとのリラックスがアイデアを生む」。これが、この漫画の主題。

POINT

説明は、基本的には三段階法の構成で進める。しかし、主題を浮き彫りにしたい場合や奥行きを出したい場合などには、起承転結の四段階法を使うと効果的である。

20 五段階法をバリエーションに加えておく

長時間の説明の進め方

あなたは、講演会や研修会に出かけたことがあるはずである。そのときの講師の話の進め方を思い出していただきたい。

長時間の説明に効果を発揮する

講演会での講師の話の進め方は、必ずといってよいほど同じパターンである。

①挨拶・自己紹介から始まり、②テーマの紹介があって、③主題の提示、④主題の展開と続き、そして最後に⑤結論という順序で講演を締めくくる。

この進め方は、三段階法のバリエーションと考えてよく、①挨拶・自己紹介と②テーマの紹介が序論で、③主題の提示と④主題の展開が本論、そして⑤結論となる。長時間の説明や関係の薄い人たちに話すときに効果を発揮する。

この五段階法について、もう少し具体的にお話ししよう。

4 主題の展開

説明のポイント	具体的な内容
主題を強調、補強しながら興味を持続させる	・一般例による展開 ・具体例による展開 ・感情面に訴える展開

5 結　論

説明のポイント	具体的な内容
説明の総まとめを行なう	・主題をもう一度鮮明に提示、印象づける ・理解を確実なものにしてもらう ・説明者の思いを強調する

POINT

五段階法はとても自然な流れで、長時間の説明や関係の薄い人たちに話すときに効果を発揮する。説明のバリエーションに加えておこう。

五段階法の進め方

1 導入

説明のポイント	具体的な内容
聞き手の注意を引く	・挨拶 ・自己紹介 ・聞き手が関心のある話 ・好奇心をくすぐる話 ・ユーモアのある話 ・その他

2 テーマの紹介

説明のポイント	具体的な内容
説明に関心をもってもらう	・説明事項のいきさつ ・説明者と説明事項との関係 ・説明者がそのことに興味をもつ理由 ・このテーマが話される価値 ・聞き手が聞かなければならない理由 ・その他

3 主題の提示

説明のポイント	具体的な内容
最も言いたいこと、訴えたいことを簡潔に提示する	・明快な言葉で表現する ・次の主題の展開につなげるための事例などを紹介する

1 聞き手の注意を引く

説明の導入部であり、挨拶、自己紹介などを行なう。そのほかに、聞き手が関心のある出来事、好奇心をくすぐる話、ユーモアのある話などをそのときの状況に合わせて織り込む。

2 テーマを紹介する

説明に関心をもってもらうために行なう段階であり、説明事項についてのいきさつ、説明者と説明事項との関係、説明者がそのことに興味をもつ理由、話す内容の価値、聞き手が聞かなければならない理由などを話す。

3 主題を提示する

聞き手に、最も言いたいことや訴えたいことを簡潔に提示する段階である。明快な言葉で表現する。曖昧さは許されない。この段階で、説明のよし悪しの予想がつく。次の主題の展開につなげるための事例を紹介してもよい。

4 主題を展開する

具体例などを使い、主題をいろいろな角度から強調し、補強しながら、聞き手の興味を持続させる。説明のクライマックスである。展開は、次の三つの方法がある。

①一般例による展開……主に言葉を使って、一般例で主題を説明する。大枠をつかませるには、適切な方法である。

②具体例による展開……事実、実例、データ、資料などで主題を説明する。聞き手にはっきりとしたイメージを描かせることができる。

③感情面に訴える展開……聞き手の喜怒哀楽に訴える展開の仕方である。理性では、人は動かせない。感情に訴えてこそ、はじめて人は動く。人間は感情の動物だから、理性と感情が戦ったら、感情が勝利をおさめる。

これら三つの方法を説明のときの状況によって、単独で使ったり、組み合わせて使ったりと、柔軟に対応する。

5 結論などの話のまとめ

1から4までの話の総まとめの段階である。主題をもう一度鮮明に提示して、印象づけたり、理解をさらに確実なものにしてもらう。

以上の五段階法は、とても自然な流れで、説明のバリエーションに加えておくとよい。

21

内容にふさわしい組立て

本論だけ、結論だけでよい場合もある

Time is money.（タイム・イズ・マネー）――ビジネスは、時間との勝負である。一刻一秒が、企業の業績を決めてしまうといっても過言ではない。余分な時間を割いている暇はない。効率的な仕事の進め方が求められている。

話の組立てを臨機応変に変えていく

説明もその例外ではない。長い時間をかけた説明ができなくなっている。簡潔に、わかりやすく、しかも短時間で、相手にあなたの思いをわかってもらう必要がある。そのためには、説明の内容によって、話の組立てを臨機応変に変えていかなければならない。

したがって、序論・本論・結論の話の組立ての原則から逸脱することも当然あり得る。ときには、本論だけでよい場合もあるし、結論だけでよい場合もある。

そのときの状況や説明の内容で、展開の仕方は変わって当然である。いや、変えなければならない。序論・本論・結論が基本だからといって、そればかりでは相手から「気のきかない奴」と思われてしまう。

では、説明の内容によって、話の組立てをどう変えればよいのだろうか。それは、次のように考える。もちろん、序論・本論・結論の組立てが基本であることは言うまでもない。

〈序論・本論だけでよい場合〉

簡単な一般的説明、簡単な商品説明、簡単な技術説明など、結論を出す必要がない説明のときには、序論・本論、あるいは本論だけでかまわない。余分なことは言わないようにする。

〈本論・結論だけでよい場合〉

結論を伴う報告、商品説明、技術説明など、あえて序論を話さなくてもよいときは、本論・結論の二段階で十分である。なお、この場合は結論から話して、本論に移るという組立てをよくする。とくに、忙しい現代では、この結論・本論の二段階法をお勧めする。

〈序論・本論・結論の三段階が必要な場合〉

結論を伴う報告、商品説明、技術説明などに、さらに説得的要素が加わる説明のときは、序論・本論・結論の基本的な組立てをする。この場合の本論の展開の仕方は、主題を最初にもってくるか、最後にもっていくかの二通りの展開の仕方があるが、状況が許すかぎり主題を最初にもっていくのがよい。ビジネスでは、効率的な仕事の進め方が求められるからである。

三段階法を土台にする

これらの使い分けは、あなたが説明の目的をしっかりとつかんでいるかどうかの一点にかかっている。目的さえ明確であれば、おのずから話の組立ては決まってくるものである。

序論・本論・結論の三段階法にこだわることはない。これを土台にして、その上にさまざまなバリエーションの説明を組立てればよい。そうすれば、説明に変化を与えることができる。

説明は内容によって、またそのときの状況によって、組立て方を変えなければならない。生きた説明をしなければならないからである。

話の展開のバリエーション

序論・本論だけでよい場合

簡単な一般的説明、簡単な商品説明、簡単な技術説明など、結論を出す必要がない説明のときには、序論・本論、あるいは本論だけでかまわない。余分なことは言わないようにする。

本論・結論だけでよい場合

結論を伴う報告、商品説明、技術説明など、あえて序論を話さなくてもよいときは、本論・結論の二段階で十分。この場合は結論から話して、本論に移るという組立てをよくする。

序論・本論・結論の3段階が必要な場合

結論を伴う報告、商品説明、技術説明などに、さらに説得的要素が加わる説明のときは、序論・本論・結論の基本的な組立てをする。この場合の本論の展開の仕方は、主題を最初にもってくるか、最後にもっていくかの2通りの展開の仕方がある。

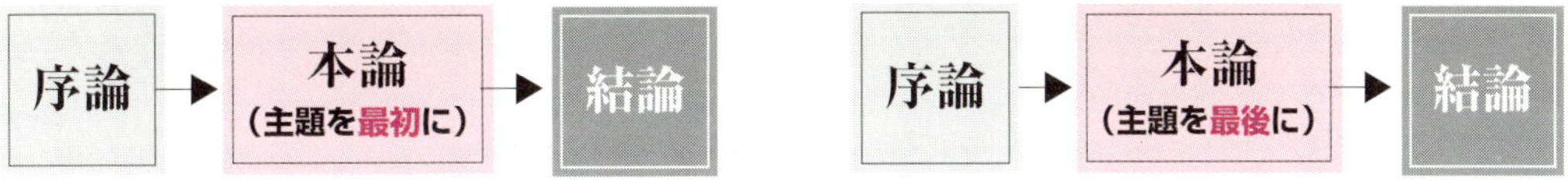

POINT

これらの使い分けは、あなたが説明の目的をしっかりとつかんでいるかどうかの一点にかかっている。目的さえ明確であれば、おのずから話の組立ては決まってくる。

22 安定感のある組立て

ピラミッド構造で考えれば失敗が少ない

話の組立ては、ピラミッド構造を考えるとよくわかる。ピラミッドは、ご存じのように下から順々に積み上げられ、上部にいくほどその体積は小さくなっていく。

この構造を三段階法の序論・本論・結論に置き換えてみる。

言いたいことを頂上に置く

・すそ部分

三段階法でいえば、序論・本論・結論の序論の部分に当たる。ピラミッドの基礎をつくる部分である。

この段階で失敗すると、しっかりしたピラミッドはできない。せっかく、すばらしい本論・結論を用意しても、基礎が悪ければ優れた説明とはならない。序論に割く時間の割合は、一割から二割である。

・中腹部分

三段階法の本論部分に当たる。序論を受け継ぎ、すそ部分の上にピラミッドの大部分をつくりあげる。本論に割く時間の割合は、七割から八割五分と、やはり大部分を割くことになる。

・頂上部分

三段階法の結論部分に当たる。体積は小さいものの、この部分にはエネルギーが集中している。割く時間の割合は、五分から一割と短いが、話のすべてがここに集約されている。

序論がピラミッドの底辺部分を従えて、その上に中腹部分の本論が築き上げられる。そして、いちばん言いたいこと、訴えたいことの結論の頂上部分が形づくられる。ピラミッドのピラミッドらしさを印象づける部分である。

主題に当たる部分であり、全体の結論と頂上部分を共有している。したがって、主題と結論は一致していなければならない。

すそ部分の小題・支援文と主題を結ぶ重要な役割をしている。主題と小題は、思想が一致していなければならない。

事実、実例、データなどからできている。支援文が悪ければ、内容のある優れた説明はできない。

ピラミッド構造は安定感がある

本論もまた、ピラミッド構造で考えるとよい。

・すそ部分

小題と支援文で構成されていて、事実、実例、データなどからできている。この部分が説明のよし悪しを決めることになり、大事な部分である。支援文が悪ければ、内容のある優れた説明はできないからである。

・中腹部分

中題から構成されている。すそ部分の小題・支援文と主題を結ぶ重要な役割をしている。主題と小題がちぐはぐにならないようにしないと、論理的説明はできない。主題と小題は、思想が一致していなければならない。

・頂上部分

主題に当たる部分であり、全体の結論と頂上部分を共有している。したがって、主題と結論は一致していなければならない。

このことからわかるように、本論の中題と主題は、三段階法の本論と結論に当たり、相似形になる。全体の思想は、部分の思想であり、部分の思想は全体の思想なのである。

ピラミッド構造は、とても安定感がある。論理的な説明の組立ても、安定感が必要である。だから、説明のときは、いつもこのピラミッド構造を思い浮かべることである。これに従えば、失敗する確率はグーンと減る。

ピラミッド構造で考える

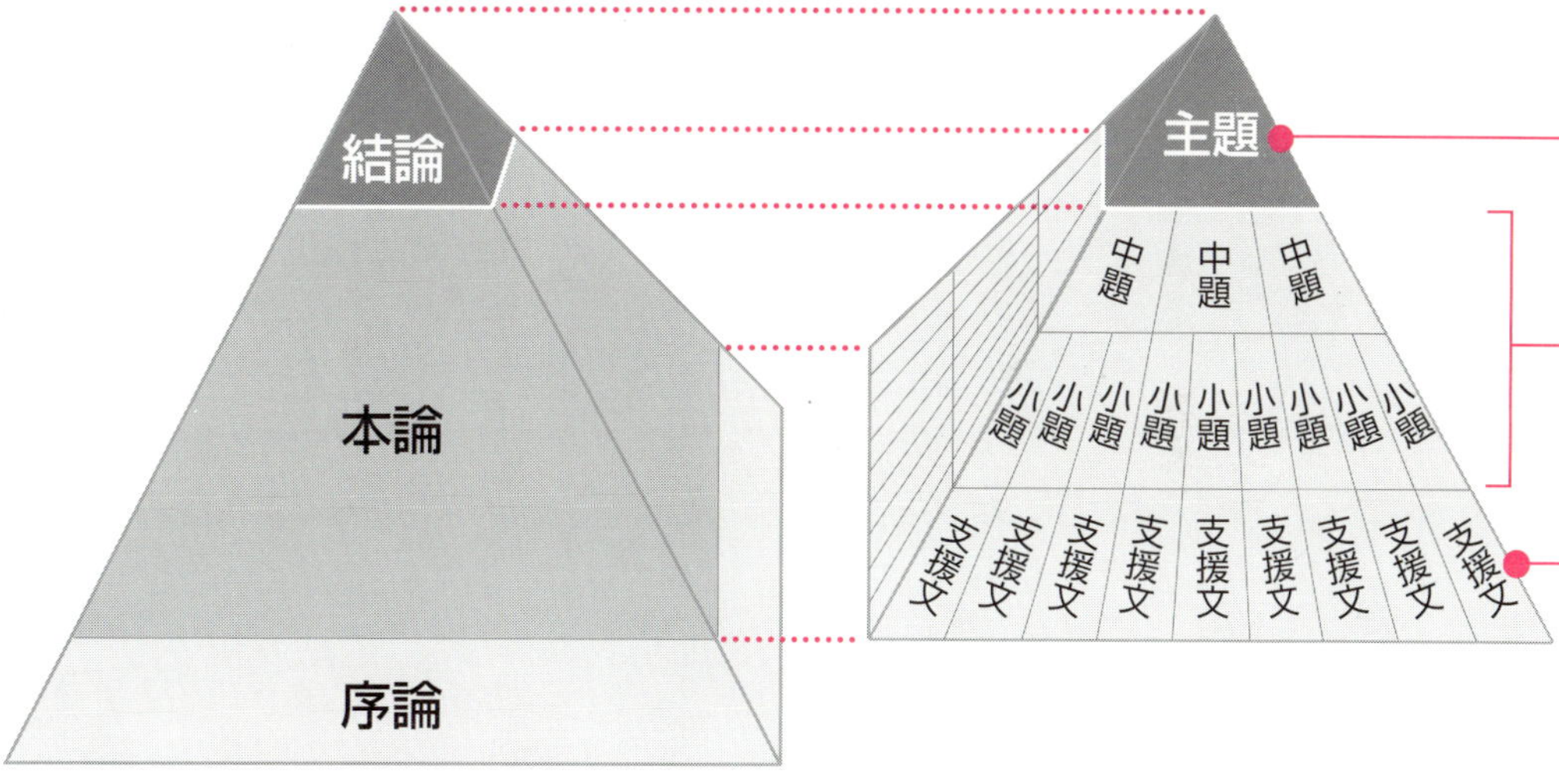

全体

序論がピラミッドの底辺部分を従えて、その上に中腹部分の本論が築き上げられる。そして、いちばん言いたいこと、訴えたいことの結論の頂上部分が形づくられる。

本論

本論の中題と主題は、三段階法の本論と結論に当たり、相似形になる。全体の思想は、部分の思想であり、部分の思想は全体の思想である。

POINT

ピラミッド構造は、とても安定感がある。論理的な説明の組立ても、このピラミッド構造に従えば、失敗する確率はグーンと減る。

23 カードを使って説明の道筋を描く

情報の上手な活用法

集めた情報は、そのままでは説明には使えない。集めた情報は、ただの材料である。この材料を組み合わせたり、加工したりして、説明という製品や商品を仕立てあげ、相手に届けなければならない。

集めた情報をカードに書き出す

どうして集めた情報は、そのまま使えないのか。その主な理由として、次の三点が考えられる。

①論理的な形で整然と揃えられていないために、単一情報であることが多い。

②たとえ、集めた情報自体がなんらかの論理でできていても、その論理が自分の論理と合わないと、その情報に違和感を感じる。

③集めた情報は、だれを対象にしているものかわからない。対象者さえいない場合もある。

こんな情報だから、そのままでは使えない。手を加えて、説明するテーマに合わせた情報にしなければならないし、説明相手にわかってもらえるような構成にしなければならない。

そのためには、説明の目的や相手がだれかなどによって、説明の構成を変える必要がある。構成を変えるためには、集めた情報をいったんばらばらにして、新たな論理で話を組立てなければならない。三二ページでお話しした論理的説明のプロセスの三番目の項目である「切断」を思い出していただきたい。

集めた情報をばらばらにするためには、カードを使う。カードに集めた情報を一つずつ書き出す。こうすることによって、カード単位の情報ができあがる。そして、情報を自由に組み合わせることができるようになる。

自然に説明の筋道ができる

カードはなんでもよいが、縦二五ミリ、横七五ミリ程度で糊つきのものが便利である。このカードの使い方を具体的にお話ししよう。

①カードに、集めた情報の一つひとつを「ワンカード・ワンアイデア」で、短文で書く。できるだけ動詞を書く。あとで何を言いたかったのか悩まないためである。

②すべて書きつくしたところで、同じような内容のカードを集めて、まとめて重ねる。

③カードの山ができたところで、その山に見出しをつける。

④カードの山をああでもないこうでもないと移動させながら、展開の順序を決めていく。

この作業を頭のなかだけで行なうことは、大変むずかしく、いつまでたってもまとまらない。そのうち、嫌になってやめてしまうのがおちである。

そこで、集めた情報をカードに書く。それらを自由に移動させているうちに、動かそうと思っても動かせないつながりになってくる。カードを前後左右斜めに動かしているうちに、おのずから説明の筋道が描けるというわけである。

話の組立ては、いったんばらばらしてから再構築しなければならない。そのためには、カードが欠かせない。

カードを使えば道筋が描ける

1 カードに、集めた情報の1つひとつを「ワンカード・ワンアイデア」で、短文で書く。できるだけ動詞を書く。

縦25ミリ
横75ミリ
糊つき

2 すべて書きつくしたところで、同じような内容のカードを集めて、まとめて重ねる。

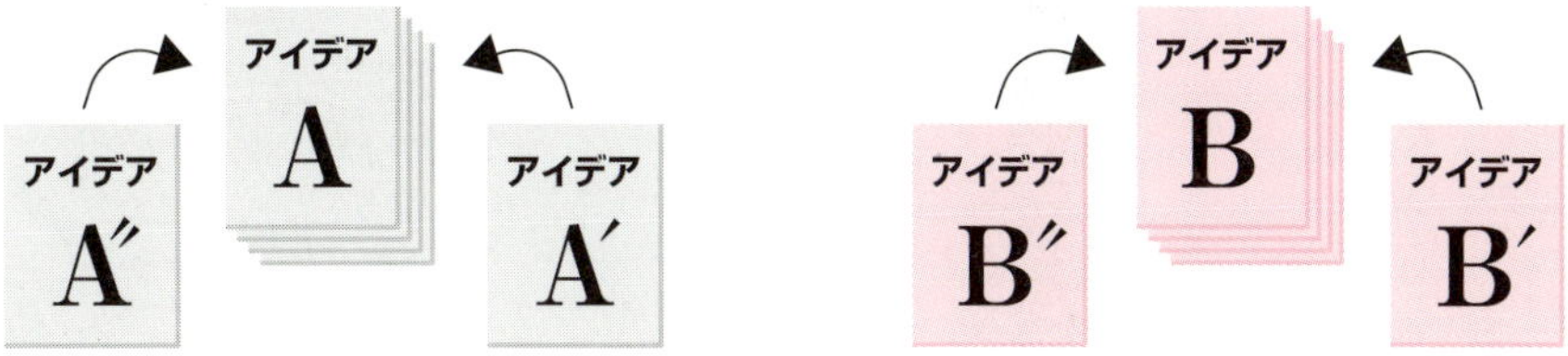

3 カードの山ができたところで、その山に見出しをつける。

4 カードの山を移動させながら、展開の順序を決めていく。

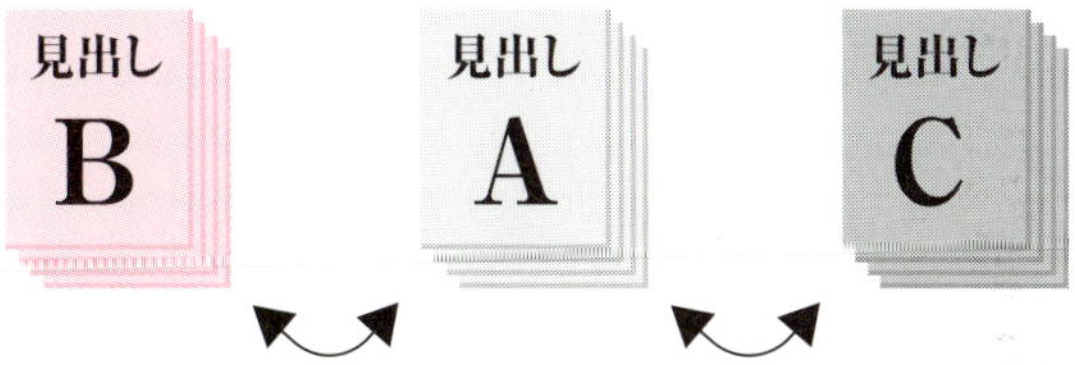

動かそうと思っても動かせないつながりになってくる。おのずから説明の筋道が描ける。

POINT

話の組立ては、いったんばらしてから再構築しなければならない。そのためには、カードが欠かせない。

24 説明の展開のコツ
展開のコツはシンプル・スムーズ・スマート

物事を行なうときには、そのすべてにコツがある。説明の展開も、また例外ではない。

説明の展開のコツは、一言でいえば、シンプル（simple）・スムーズ（smooth）・スマート（smart）の３Ｓである。シンプルは簡素に、スムーズは流麗に、そしてスマートは洗練されているということである。

序論の目的と本論の結果を結びつける

上手な説明をするためには、この３Ｓをいつも心掛けなければならない。

・シンプル（簡素）

ごてごてして整理されていない説明ほどわかりにくいものはない。いろいろ説明してくれた割には、「この人、何が言いたいんだろう」と、評価を下げるのがおちである。

シンプルな説明の展開を行なうには、次のポイントを徹底的に追求することである。
①説明の目的は何か。
②主題は何か。
③中題は何か。それをいくつ提示するか。
④小題は何か。それをいくつ提示するか。
⑤支援文をどうするか。
いかがだろうか。この五ポイントは、事前に確認できるものである。シンプルな説明には、事前の準備が欠かせない。

・スムーズ（流麗）

構成の流れは、スムーズにということである。基本的には、序論・本論・結論の流れをつくる。序論で、相手に聞く態勢をつくらせ、説明の内容や展開の全体像を描かせる。そして、本論では主題を提示し、主題を展開する。

この展開では、一般例を使って主題のイメージを描かせたり、さらには事実、実例、データ、資料などの具体例を使って、主題のイメージを確かなものとさせる。

ほとんどの場合はここまででよいが、必要とあらば相手の感情に訴える。そして、最後に結論で、序論の目的と本論での結果を上手に結びつける。

こんな展開の流れができればすばらしい。相手は、なんの抵抗も感じず、スムーズにあなたの説明を聞くことになる。

・スマート（洗練）

シンプル、スムーズの純度をより高めることである。シンプルな展開になっているか、スムーズな展開になっているかを何度も何度も検討する。大方の人は、一度、構成や展開を決めてしまうと、見直そうとはしない。

あなたは、計算作業をするとき、一度の計算でよしとするだろうか。たぶん、そうはしないはずである。何度も検算して確かめるはずである。説明の展開も、一度ですませると、必ず不必要なものがあるし、構成もでこぼこしていて、スムーズになっていない。何度も見直しを行なわなければ、シンプルでスムーズな説明の展開はできない。

シンプル・スムーズ・スマートな説明の展開をするためには、事前の準備なくしてはあり得ない。説明は、３Ｓがコツである。

3Sを心がける

Simple シンプル 簡素 …… **5ポイントを事前に確認する**

① 説明の目的は何か。

② 主題は何か。

③ 中題は何か。それをいくつ提示するか。

④ 小題は何か。それをいくつ提示するか。

⑤ 支援文をどうするか。

Smooth スムーズ 流麗 …… **序論・本論・結論の流れをつくる**

序　論	本　論	結　論
相手に聞く態勢をつくらせ、説明の内容や展開の全体像を描かせる。	主題を提示し、主題を展開する。一般例、具体例を使う。感情に訴える。	序論の目的と本論での結果を上手に結びつける。

Smart スマート 洗練 …… **シンプル、スムーズの純度をより高める**

シンプルな展開になっているか、スムーズな展開になっているかを何度も何度も検討する。

POINT

シンプル・スムーズ・スマートな説明の展開をするためには、事前の準備なくしてはあり得ない。説明は、3Sがコツである。

PART 4 上手な話の展開法

25 相手にわかる話し方 相手が望んでいるものは何かを知る

説明は、だれのためにするものだろうか。説明とは、「事柄の内容・理由・意味などを言葉や図を使って、相手によくわかるように話すこと」をいうのであるから、当然ながら「相手のため」である。

聞き手のことを話題にする

ところが、相手のことなどまったくおかまいなしに、自分のことしか考えないで説明をする人が多い。説明は、「相手によくわかるように話すこと」だから、相手のことを考えたものでなければならない。そのためには、相手が望んでいるものは何かを知ることである。

では、どうすれば相手が望んでいることを知ることができるのだろうか。それを考える前に、聞き手とはどういうものかを知っておく必要がある。聞き手を知ることで、説明の仕方がずいぶん変わるからである。聞き手は、一般的に次のような傾向をもっている。

①自分の利害関係から物事を考える。
②自分に直接関係ないことには、興味を示さない。
③聞き手にあなたが関心をもつかぎり、聞き手もあなたに関心をもつ。
④聞き手のことを話題にすれば耳を傾ける。
⑤集中力を長く保てず、飽きやすい。
⑥聞き手の心は、いつも揺れ動いている。
⑦騒音などの外部環境に左右されやすい。

これらのことからも、説明の際は聞き手に関心をもち、聞き手が聞きやすい環境のところで、聞き手の興味や利害に関係したことを織りまぜながら、手短に要領よく話すことが大切である。

相手の望んでいるものは何かを知るために

① 自分のしてほしい説明は何かを考える

あなたにとって、どんな説明がありがたく、どんな説明がありがたくないか。

↓

自分のしてほしい説明を相手にするように心掛ける。

② 相手のしてほしい説明は何かを考える

相手の地位・立場・人柄・性格・説明後の行動などを頭に入れる。

↓

相手が何を説明に期待するのかを考え抜く。

自分のしてほしい説明は何か

相手の望んでいるものは何かを知るには、次の二点を徹底的に考えることである。

①自分のしてほしい説明は何かを考える

あなたにとって、どんな説明がありがたく、どんな説明がありがたくないのだろうか。これらをしっかりと把握しておく必要がある。これらについては、これまでのところでお話ししているので、おわかりいただけるだろう。

そして、自分のしてほしい説明を相手にするように心掛ければよい。あなた自身のことを考えれば、相手の望むものがよく見えてくる。考えていることは、基本的にはあなたも人も、そんなに変わらないからである。

②相手のしてほしい説明は何かを考える

相手の立場に立って考える。相手の地位・立場・人柄・性格・説明後の行動などを頭に入れて、相手が何を説明に期待するのかを考え抜く。自分でつかんでいなければ、関係者を通じて事前に調べておく。その気になれば、いくらでも情報を集めることができる。集めようとしないのは、あなたの怠慢である。

相手の望んでいるものが何か、それがわかれば、説明は怖くない。二五〇〇年前の中国の思想家孫子は、「敵を知り己を知れば、百戦してあやうからず」と言っている。説明でも、相手のことを知ることが成功につながる。

相手の望んでいるものを知る

POINT

「敵を知り己を知れば、百戦してあやうからず」。説明でも、相手のことを知ることが成功につながる。

聞き手の傾向

1 自分の利害関係から物事を考える。

2 自分に直接関係ないことには、興味を示さない。

3 聞き手にあなたが関心をもつかぎり、聞き手もあなたに関心をもつ。

4 聞き手のことを話題にすれば耳を傾ける。

5 集中力を長く保てず、飽きやすい。

6 聞き手の心は、いつも揺れ動いている。

7 騒音などの外部環境に左右されやすい。

説明の際は聞き手に関心をもち、聞き手が聞きやすい環境のところで、聞き手の興味や利害に関係したことを織りまぜながら、手短に要領よく話すことが大切。

26 主要論点は三つまで

主要論点は絞って、絞って、絞り込む

ある人が、「なぜ、以心伝心のコミュニケーションが崩壊したのか」というテーマで三〇分間、次のようなアウトラインの説明を行なった。説明の結果は、かんばしくなかった。焦点がぼやけていて、説明者の言いたいことが、聞き手には伝わらなかった。

〈序論〉コミュニケーションの変化
〈本論〉①加速度的な時代変化
②国際化の進展
③経済至上主義の日本社会
④経済効率優先の会社組織の増加
⑤女性の社会進出
⑥会社人間の減少
⑦同じ体験を共有する機会の減少
⑧人との関わりを避ける人間の増加
⑨人より物に興味をもつ人間の増加
⑩人への思いやりをもつ人間の減少
〈結論〉世代間の価値観の変化

この説明の主要論点（中題）は、一〇もある。評判が悪いわけである。説明を聞いた人は、一〇すべてを覚えているはずがない。覚えられても、よくて五つくらいだろう。

知っていることすべてを話さない

説明する人は、自分の知っていることをすべて話そうとする傾向がある。そのために、聞き手は情報過多になり、説明のポイントがつかめなくなってしまう。その結果として、説明者の言いたいことや訴えたいことが、明確に聞き手に伝わらないことになる。

聞き手に伝わるようにするためには、主要論点を絞り込まなければならない。話したいことが山のようにあるなかで、余分なものを削ぎに削いで、「これだけは話しておかなければならないもの」に絞り込む。

具体的には、一つの説明のなかで、主要論点の数は三つまでであり、多くてもせいぜい五つまでである。これは、時間の長短にはあまり関係ない。三〇分の話でも二時間の話でも、主要論点の数は三つまでを目標にするとよい。

「三」という数は、『桃太郎』の家来の数や『三匹の子豚』などのように、童話の世界のキャスティングにはよく出てくる数である。作家は、子供にわかりやすく、覚えてもらいやすいことを意識して、「三」という数を使用したのだと考えられる。その背景には、人間心理への鋭い洞察力がある。

では次に、前述のテーマの説明のアウトラインを三つの主要論点から構成し直してみよう。

〈序論〉コミュニケーションの変化
〈本論〉①加速度的な時代変化
②会社人間の減少
③たこ壺的人間の増加
〈結論〉世代間の価値観の変化

いかがだろうか。主要論点の少ない説明は、論点が絞られていて、説明者の言いたいことが明確に伝わる。そして、記憶に残る確率が極めて高くなる。

主要論点は、絞って、絞って、絞り込む。これが鉄則である。

主要論点を絞り込む

〈序論〉
コミュニケーションの変化

〈本論〉
① 加速度的な時代変化
② 国際化の進展
③ 経済至上主義の日本社会
④ 経済効率優先の会社組織の増加
⑤ 女性の社会進出
⑥ 会社人間の減少
⑦ 同じ体験を共有する機会の減少
⑧ 人との関わりを避ける人間の増加
⑨ 人より物に興味をもつ人間の増加
⑩ 人への思いやりをもつ人間の減少

〈結論〉
世代間の価値観の変化

↓

主要論点(中題)が10もある

↓

聞き手は情報過多になり、説明のポイントがつかめない

↓

説明者の言いたいことが明確に聞き手に伝わらない

↓

1つの説明のなかで、主要論点の数は3つまで、多くてもせいぜい5つまで

〈序論〉
コミュニケーションの変化

〈本論〉
① 加速度的な時代変化
② 会社人間の減少
③ たこ壺的人間の増加

〈結論〉
世代間の価値観の変化

POINT

主要論点の少ない説明は、説明者の言いたいことが明確に伝わる。そして、記憶に残る確率が極めて高くなる。主要論点は、絞って、絞って、絞り込む。これが鉄則である。

27

話の順序は頭の働きの法則性に従う

話し方の六つの順序

人間の頭の働きは、一定の法則性に貫かれている。論理的な説明をするためには、この一定の法則性とは何かを知り、それに従って説明を行なわなければならない。

一定の法則性の主なものを具体的にお話ししよう。

六つの順序が説明をスムーズにする

・時間の順序

PART２の14節でお話ししたように出来事の起こった時間の順序に従って、話を進めていくことである。はじめから順々に話してもよいし、場合によっては、その逆にあと戻りしてもよい。この時間の順序は、話の順序のなかでも、最も重要なものである。

・空間の順序

形や位置、地理的要素などにポイントがある場合や設備、物、場所、機械装置などを説明す

時間の順序

出来事の起こった時間の順序に従って、話を進めていく。はじめから順々に話してもよいし、場合によっては、その逆にあと戻りしてもよい。

空間の順序

形や位置、地理的要素などにポイントがある場合や、設備、物、場所、機械装置などを説明する場合には、前後左右、上下、遠近などの位置関係の順序に従って、話していくとわかりやすい。

重要さの順序

あらかじめ、話す内容に重要度の高い順で優先順位をつけておいて、その順序に従って話をする。一般的に、人は最初に話されたことに対して強い印象をもつので、記憶に残る確率が高い。

既知から未知への順序

知らないことは、イメージを描くことがむずかしい。イメージを描けなければ、聞こうという気持ちが起こらない。はじめは、聞き手がよく知っていることから話すのがよい。

因果関係の順序

原因から結果、結果から原因という2つの説明法がある。どちらで説明するかは、説明の内容、聞き手がどんな人か、状況、タイミングなどを考えて選ぶ。

一般から特殊への順序

広く認められていることや当たり前のことから話し、聞き手に説明を聞く態勢をつくらせる。それができたところで、特殊な話をする。

話の順序を決める

る場合には、前後左右、上下、遠近などの位置関係の順序に従って、話していくとわかりやすくなる。これが空間の順序である。

・重要さの順序

あらかじめ、話す内容に重要度の高い順で優先順位をつけておいて、その順序に従って話をすることである。一般的に、われわれは最初に話されたことに対して強い印象をもち、記憶に残る確率が高いからである。この逆に、優先順位の低いことから話す場合も考えられるが、説明では効果を上げる確率は低い。

・既知から未知への順序

はじめから知らないことを話されると、そのあとの話を聞こうとする確率は低くなる。知らないことは、イメージを描くことがむずかしいからである。イメージを描けなければ、聞こうという気持ちが起こらない。はじめは、聞き手がよく知っていることから話すのがよい。

・因果関係の順序

原因から結果、結果から原因という二つの説明法がある。どちらで説明するかは、説明の内容、聞き手がどんな人か、状況、タイミングなどを考えて選ばなければならない。私は、結果から原因を説明する方法をお勧めする。結果を先に話すほうが、相手は聞きやすいし、話し手も、話すべきことに迷いがなくてよいからである。

・一般から特殊への順序

広く認められていることや当たり前のことから話し、聞き手に説明を聞く態勢をつくらせる。それができたところで、特殊な話をする。すると、特殊な話もすんなりと受け入れてもらいやすくなる。逆に、特殊なことから話すこともある。特殊なことに、聞き手に興味をもたせる何かがあるときには効果を発揮する。

このほか、つなぎのための接続語を使ったり、前の話に使われている言葉を繰り返して、話のつながりをスムーズにする方法がある。

以上のことに気をつければ、説明の展開はむずかしくない。スムーズなつながりをつくる能力は、すでにあなた自身がもっている。それをうまく生かせばよいだけなのである。

POINT

スムーズなつながりをつくる能力は、すでにあなた自身がもっている。それをうまく生かせばよいだけである。

28 すべてを均等に話さず、デフォルメする

誇張法の活用

あなたはこれまで、いろいろな肖像画を見たことがあるであろう。肖像画を描くとき、必ず守らねばならない点がある。それは、頭と顔に見る者の興味を集中させるということである。

興味を引くものを強調する

肖像画の興味の中心は、頭と顔である。これ以外の胴体、服装、手、背景などは、人物の頭と顔を生かすための補完的なものである。頭と顔に、見る者の興味を瞬時に引きつけ、その興味を持続させなければならない。そのためには、頭と顔を丹念に描かなければならないし、それ以外のものは概略的に描くだけでよい。

しかし、下手な人は頭と顔だけでなく、胴体、服装、手、背景なども丹念に描く。こうなると、興味の中心は人物の頭と顔に集中せず、分散され、主題がぼけてしまう。その結果、見る者に興味を抱かせないものとなる。

これは、説明についてもいえることである。すべて均等に話しては、言いたいことが明確に伝わらないばかりでなく、相手にあなたの説明への興味を失わせかねない。

われわれは、一つひとつの事柄を均等に説明したほうが、相手によくわかると思いがちである。そのために、事柄に軽重の区別をつけずに説明する。しかし、実際は逆効果を招く。その理由としては、次のことがあげられる。

①均等に話されると、聞き手も均等に聞いてしまい、印象が薄くなる。

②聞き手は、無意識のうちに、話の軽重の区別をつけようとする。

③話し手が、話の軽重の区別をはっきりさせないので、聞き手にはいらだちが起きる。

④話の軽重の区別をつけないのは、話し手が悪いと思いがちになる。

⑤話し手が悪いと思われたら、話は聞いてもらえない。

それでは、どうすればよいのだろうか。デフォルメをするのである。デフォルメとは、興味を引くものを意図的に強調することである。

思慮分別をもって誇張する

言いたいことや訴えたいことを明確に相手に伝えるためには、若干の誇張をしなければならない。ただし、思慮分別をもって、真実を表現することを忘れてはならない。これが、説明者のセンスである。このセンスは、あなたの創造力と説明の技術の熟練度にかかっている。

たとえば、品質の優れた新製品が開発されて、それを消費者に説明するときには、当然ながら品質をアピールすることになる。そのために、使用結果、他製品との比較、専門家の評価など、優れた品質をあらゆる角度から浮き彫りにする。そのなかでも、とくに優れた品質を裏づけるものを選び、それらをさらに若干の誇張を行ない、意図的に強調する。

説明は、すべてを均等に話してはいけない。思慮分別をもったデフォルメをすることである。そうしなければ、あなたの言いたいことや訴えたいことは、相手に通じない。

誇張法を活用する

胴体、服装、手、背景なども丹念に描く

↓

興味の中心が頭と顔に集中せず、主題がぼける

↓

見る者に興味を抱かせないものになる

↓

デフォルメをする

頭と顔を丹念に描く

↓

それ以外は、概略的に描く

↓

頭と顔に、見る者の興味を瞬時に引きつける

言いたいことや訴えたいことが明確に相手に伝わる

たとえば、新商品の説明などで

使用結果

他製品との比較

専門家の評価

↓

デフォルメをする

↓

○○先生が大絶賛!!

POINT

説明は、思慮分別をもったデフォルメをしなければ、あなたの言いたいことや訴えたいことは、相手に通じない。

29

アイコンタクトの活用

読みあげるのではなく、話しかける

あなたは、用意した資料をただ読みあげるだけの説明をしていないだろうか。ほとんどの人は、そうすることが当たり前だと思っている。

しかし、そんな説明なら自分で読んだほうがましである。せっかく、顔を合わせているのだから、その人の説明テーマに関する思いや資料に書かれていないことを知りたいと思うのが、われわれの心理である。

アイコンタクトを忘れない

説明者は「読みあげる」のではなく、「話しかける」ことをしなければならない。そのためには、次のような進め方をすることである。

〈序論〉

「それでは、○○（テーマ）について、ご説明いたします。主な話は三つあります。

まず一つ目は、○○（中題A）についてです。次に二つ目は、○○（中題B）についてです。そして三つ目は、○○（中題C）についてです。以上の三つについて、これから具体的にお話しさせていただきます」

〈本論〉

「それでは、本日は、○○（主題）というお話をさせていただきます」

「まず、一つ目のことからお話しします。○○（中題Aを具体的に話す）」

「次に、二つ目のことですが、○○（中題Bを具体的に話す）」

「最後に、三つ目のことですが、○○（中題Cを具体的に話す）」

〈結論〉

「一つ目は、○○（中題A）ということでした。二つ目は、○○（中題B）ということでした。三つ目は、○○（中題C）ということでした。本日は、○○（主題）というお話をさせていただきました」

この例は、一回の説明でテーマが一つの場合であるが、一回の説明で複数のテーマを説明しなければならない場合もある。そんなときは、テーマの数はできるだけ三つ以内とし、一つひとつをこの例のように進めていく。たとえば、序論は次のようにする。

「それでは、○○（三つのテーマ）について、ご説明させていただきます。本日は、最初にAテーマについて、次にBテーマについて、最後にCテーマについて、お話しさせていただきます。Aテーマについては、お話ししたいことが三つあります。……」と続ける。

さて、このときのあなたの視線が問題である。資料ばかりに目を向けるのではなく、言葉の区切りで、相手を見ながら進めるとよい。

これをアイコンタクトという。できれば、ワンセンテンスごとに、相手に視線を向けることを心掛ける。視線を向けることで、相手の表情の様子から理解度を推し量ることができ、相手の理解度に合わせた説明ができる。「ワンセンテンス・ワンアイコンタクト」を忘れないでいただきたい。

このように説明を進めれば、おのずから「話しかける」ことになる。

話しかけるように説明する

序論

「それでは、○○（テーマ）について、ご説明いたします。主な話は3つあります。

まず1つ目は、○○（中題A）についてです。次に2つ目は、○○（中題B）についてです。

そして3つ目は、○○（中題C）についてです。以上の3つについて、これから具体的にお話しさせていただきます」

本論

「それでは、本日は、○○（主題）というお話をさせていただきます」

「まず、1つ目のことからお話しします。○○（中題Aを具体的に話す）」

「次に、2つ目のことですが、○○（中題Bを具体的に話す）」

「最後に、3つ目のことですが、○○（中題Cを具体的に話す）」

結論

「1つは、○○（中題A）ということでした。

2つ目は、○○（中題B）ということでした。3つ目は、○○（中題C）ということでした。本日は、○○（主題）というお話をさせていただきました」


言葉の区切りで、相手を見ながら進める。視線を向けることで、相手の表情の様子から理解度を推し量ることができ、相手の理解度に合わせた説明ができる。

POINT

できれば、ワンセンテンスごとに相手に視線を向ける。こうして説明を進めれば、おのずから「話しかける」ことになる。「ワンセンテンス・ワンアイコンタクト」を心掛けよう。

30

視覚物を使えば説得力がグーンとアップする

視覚に訴える方法

一九九四年の夏、テレビタレントで、映画監督のビートたけしさんが、深夜のバイクの酔っぱらい運転で転倒事故を起こし、大怪我をした。そのたけしさんが、秋口に入って、退院後の記者会見を行なった。

待ってましたとばかりに、テレビカメラがたけしさんの顔を写し出す。大きな衝撃が私の全身を走る。想像をはるかに超えた状態だった。

視覚物は強烈なインパクトを与える

テレビを見終わったあとも、しばらくは、たけしさんの顔が脳裏から消えることはなかった。もし、記者会見がテレビで放映されなかったならば、おそらくこれほどまでに衝撃を感じることはなかったと思う。

いかに映像が、われわれに強いインパクトを与えるかということを、まざまざと見せてくれた出来事であった。

時間の短縮

企業の時系列的売上実績の説明などのように、言葉で説明すると時間が長くかかる場合に使う。

見本の提示

新製品・新商品などの説明で、実物やサンプルを見せることによって、説得力を高めるときに使う。

POINT

説明は、「話す」より「見せる」。視覚物を使えば、説得力はグーンとアップする。

視覚の印象度は強烈である。なぜならば、われわれが得ている情報量の八割以上は視覚からであり、聴覚からは一割程度にすぎないからである。視覚に訴えることの重要性がわかる。視覚物を積極的に使うことによって、説得力を飛躍的に高めることができるのである。

　視覚物は、図表、絵、写真、スライド、ビデオ、映画、ＯＨＰ、実物、模型、黒板などをいう。その効果的な使い方は、次の四つである。

・話の切り出し……話の冒頭で視覚物を見せ、一挙に聞き手にイメージを描かせる。こうすると、あとの説明がとても楽になる。
・理解の促進……機械とか製法などのように、わかりにくいものを説明するときに使うと、聞き手の理解を深めることができる。
・時間の短縮……企業の時系列的売上実績の説明などのように、言葉で説明すると時間が長くかかる場合に使う。
・見本の提示……新製品・新商品などの説明で、実物やサンプルを見せることによって、説得力を高めるときに使う。

「話す」より「見せる」

　次に、視覚物を使うときのポイントをお話ししよう。

　せっかくの視覚物もその使い方を誤れば、かえって説明の効果を半減することになりかねない。とくに、③④⑤⑥は、慣れないとむずかしい。十分な事前の練習が必要である。

①事前に効果的な視覚物は何かを決めておく。
②見せるタイミングを決めておく。
③見せるときがくるまで、聞き手に見えないようにしておく。
④聞き手に見えやすいように心配りをする。
⑤自分で視覚物をいつまでも見ていない。
⑥説明が終わったら、見えないところにしまう。
⑦実際に使用できるものは、実演をして見せる。
⑧話し中は、絶対回覧しない。
⑨プロジェクター、ＯＨＰ、ビデオなどを使うときは、事前にチェックしておく。

　説明は、「話す」より「見せる」。視覚物を使えば、説得力はグーンとアップする。

視覚物の効果的な使い方

話の切り出し

話の冒頭で視覚物を見せ、一挙に聞き手にイメージを描かせる。あとの説明がとても楽になる。

理解の促進

機械とか製法などのように、わかりにくいものを説明するときに使うと、聞き手の理解を深めることができる。

31 説明効果を高めるテクニック

比喩・たとえ話で、さらにイメージを描かせる

「南無妙法蓮華経」で有名な仏教の経典『法華経』が、比喩・たとえ話の使い方を教えるために書かれたのだと言ったら、驚くかもしれない。創造工学の第一人者、中山正和氏は、著書のなかで、そのことをはっきりと言っている。

たしかに、言われてみればそう読める。『法華経』の「比喩品第三」の火宅の譬えは、その典型である。長者が火事になった家のなかで、遊びに夢中になっている子供たちに、嘘をついて救い出すという話で、「嘘も方便」ということわざのもとになっている。

なぜ仏陀が、比喩やたとえ話を弟子たちに教えなければならなかったのだろうか。それは、むずかしい話を簡単明瞭に、相手に伝えるためには、あることを他のものに置き換えて、説明するのが最適だと思ったからであろう。

しかも、比喩やたとえ話は、説明しようとする事柄の本質がわかっていないと適切なものとならない。したがって、弟子たちの理解度を見るのにもよかったのだと私は考える。

比喩・たとえ話をなぜ使うのか、その目的は次の二つである。

・聞き手にはっきりわからせる

伝えようとする事柄を聞き手が知らないために、言おうとしていることをそのまま言っても、聞き手が理解してくれないときに使う。

・伝えたいことを強調するため

伝えようとする事柄を聞き手が知っていれば、言おうとしていることをそのまま言ってもかまわないが、聞き手にそれを強く感じてもらいたい場合に使う。

声喩

① 擬声語 ものの音響や音声を表現する。

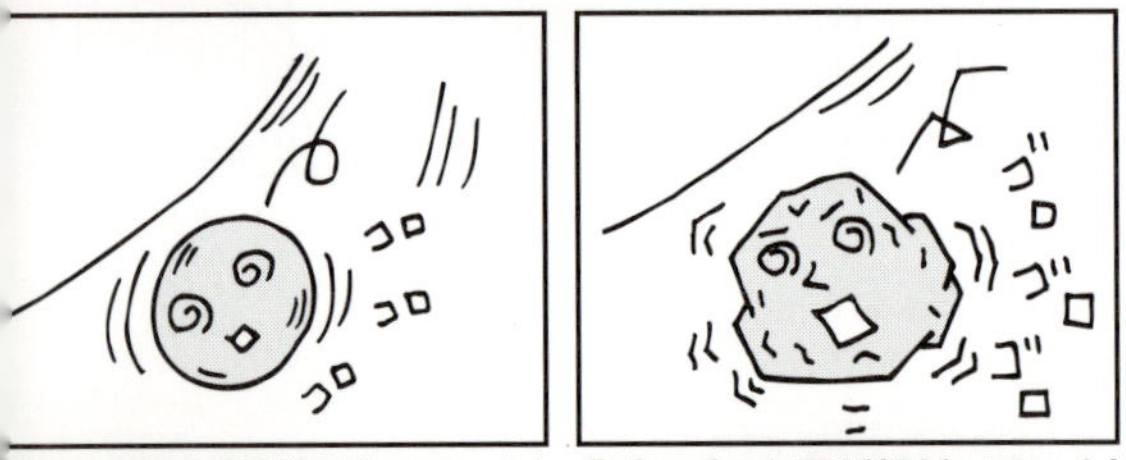

「コロコロと石が転がっていく」「ゴロゴロと石が転がっていく」

② 擬態語 姿、動作、態度を表現する。

「ドタドタ歩く」「ワイワイ騒ぐ」「心臓がドキドキ」

POINT

何千年もの過去に、仏陀が比喩やたとえ話の大切さを説いている。われわれも大いに使って、説明の効果を高めよう。

四種類の比喩を使う

比喩は、たとえ話とは違って、短文であり、主に次の四つが使われる。

・**直喩**……たとえるものとたとえられるものとが、はっきりわかる比喩であり、「……のような」「……みたいな」などの言葉がつく。

（例）「大根のような足」「餅のような肌」「太鼓のような腹」

・**隠喩**……たとえるものとたとえられるものを一つにする。「……のような」という直喩をさらに簡潔にしたもの。

（例）「大根足」「餅肌」「太鼓腹」

・**活喩**……人間以外のものを人格化し、人間にたとえて表現する。

（例）「山が怒る」「森が泣いている」「お日様が笑っている」

・**声喩**

①擬声語　ものの音響や音声を表現する。そのものの大小までも、比喩によって判別できる。

（例）「コロコロと石が転がっていく」「ゴロゴロと石が転がっていく」

②擬態語　姿、動作、態度を表現する。

（例）「ドタドタ歩く」「ワイワイ騒ぐ」「心臓がドキドキ」

何千年もの過去に、仏陀が比喩やたとえ話の大切さを説いている。われわれも大いに使って、説明の効果を高めようではないか。

4種類の比喩の使い方

直喩　たとえるものとたとえられるものとが、はっきりわかる比喩であり、「……のような」「……みたいな」などの言葉がつく。

隠喩　たとえるものとたとえられるものを1つにする。「……のような」という直喩をさらに簡潔にしたもの。

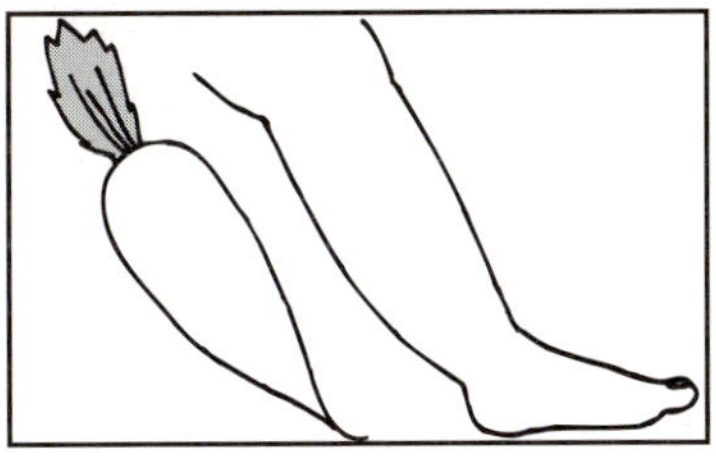

「大根のような足」▶「大根足」

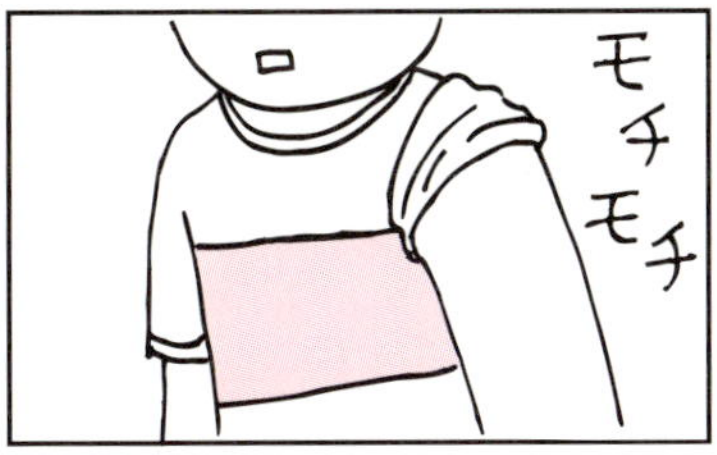

「餅のような肌」▶「餅肌」

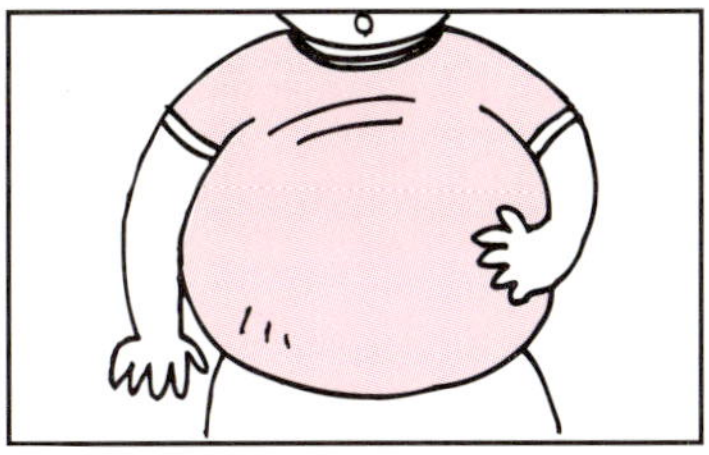

「太鼓のような腹」▶「太鼓腹」

活喩　人間以外のものを人格化し、人間にたとえて表現する。

「山が怒る」

「森が泣いている」

「お日様が笑っている」

32

数字を効果的に使って説得力を高める

数字の上手な用法

「通産省・資源エネルギー庁と電力業界が大幅な規制緩和・コストダウンプロジェクトに取り組むことになった。（途中省略）

検討課題は、大きく分けて、発電設備を設置するときの手続きの簡素化と定期検査サイクルの延長問題である。

発電設備の手続きでいえば、これまでは、ひとつの関係設備を作ろうとすると『書類を作るだけで三カ月、説明と申請許可をいただくのに三カ月かかる』（電力関係者）状態だった。送電線ひとつ作るのにも『段ボール十五箱分の書類が必要』（電力関係者）で大変な人力と時間が費やされていた。

定期検査サイクルについては、原子力発電所、火力発電所とも十二カ月プラスマイナス一カ月（十一〜十三カ月）運転したあとは必ず定期検査が義務付けられている。

日本の発電量に占める原子力発電の割合は二六％（平成四年度実績）になっており、電力業界としては発電単価が他の電源に比べて一キロワット時あたり一〜四円安い原発の稼働率を上げたいという狙いがあるが、およそ一年おきに実施されるこの定期検査には約三カ月もかかり、その間のコストや全体の稼働効率の悪さが問題になっていた。

またLNG（液化天然ガス）火力発電においても、ガス導管は一キロで百カ所の点検が義務付けられており、その分工事が長引く結果になっている。（以下省略）」

これは、一九九四年二月二一日付の『産経新聞（夕刊）』で、経済部小山田研慈記者が書いた記事の一部である。そのまま口頭での説明にも十分に使えるので、ここにとりあげた。

空間的関係を把握させる

この記事を読んで、あなたは手続きの簡素化と定期検査サイクルの延長をしなければならないと思ったに違いない。あなたの頭のなかには、ねじりはちまきで、段ボール一五箱分の申請書類を書いている発電設備をつくる担当者の姿、定期検査サイクルが短くて、一年の四分の一を定期検査に費やしている発電所のイメージが描かれているはずである。

では、なぜあなたの頭のなかにこれらのイメージが描けたのだろうか。それは、数字の使い方がうまいからである。

「書類を作るだけで三カ月」「説明と申請許可をいただくのに三カ月」「段ボール十五箱分」「一年おきに実施されるこの定期検査には約三カ月もかかり」「ガス導管は一キロで百カ所の点検が義務付け」などの数字が、いかに手続きが複雑で時間がかかるか、いかに定期検査のサイクルが短いかをよくわからせてくれる。

「理解」させることは言葉でできるが、「納得」させるにはイメージに訴えなければならない。イメージでわかるということは、空間的関係を把握することである。大きさ、重さ、作用を観測することである。この観測した結果は、数字で表わされる。だから、数字を使うと、われわれはイメージを描きやすくなる。

数字の使い方の注意点

「書類を作るだけで3カ月」
「説明と申請許可をいただくのに3カ月」
「段ボール15箱分」
「1年おきに実施されるこの定期検査には約3カ月もかかり」
「ガス導管は1キロで100カ所の点検が義務付け」

1 数字は基本的にはアバウトなものでよい。

2 ポイントとなる数字は正確に覚えておく。

3 数字は比較するものがあると生きてくる。

4 有名なものを基準に比べると効果を増す。

5 数字だらけの説明はしない。適度にする。

6 明瞭な口調で、ゆっくりめに数字を言う。

7 大事な数字は2、3度、繰り返して言う。

POINT

「理解」させることは言葉でできるが、「納得」させるにはイメージに訴えなければならない。数字を使うと、イメージを描きやすくなる。

33

説明資料のつくり方

説明資料は単純化・ビジュアル化する

説明資料は、一見して相手にイメージを描かせることのできるものが理想的である。そのために、できるだけ単純化して、ビジュアル化する。英語でいえば、グラフィック化である。

相手に概略をつかんでほしいとき、ポイントを押さえてほしいとき、複雑な内容やむずかしい内容の理解促進のために、単純化し、ビジュアル化した説明資料をつくる。

図形化と図表化が有効

グラフィック化された説明資料は、生きたものでなければならない。生きた説明資料というのは、それ自体が意味をもっていること、題、主題、中題、小題に対して、焦点がぴったり合っていること、生データに自分なりの加工を加えていること、見やすいこと、アクセントの働きがあることなどである。

単純化・ビジュアル化には、図形化と図表化が有効である。これにイラスト化ができれば最高であるが、イラスト化は特殊な才能を必要とするのでむずかしい。そのために、ここでは図形化と図表化についてだけお話ししよう。

・図形化

説明する事柄を分析・分類し、それぞれを整理・要約する。そして、それらをキーワード化し、関連性のあるものを一つの流れのなかに位置づけ、線、円、方形などで囲ったり、流れをつくったりして、単純化・ビジュアル化したものである。

概念図として、経営理念、商品企画、問題チェックなどによく使われる。位置づけの明確さで、図形化の効果が決まる。

2 説明図表 (事実や状況、関係を表わす)

組織図表

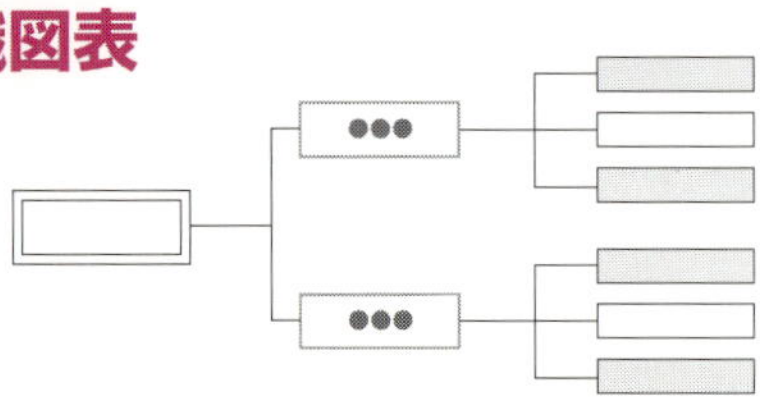

部分と部分、部分と全体を表わしたもの。

構造図表

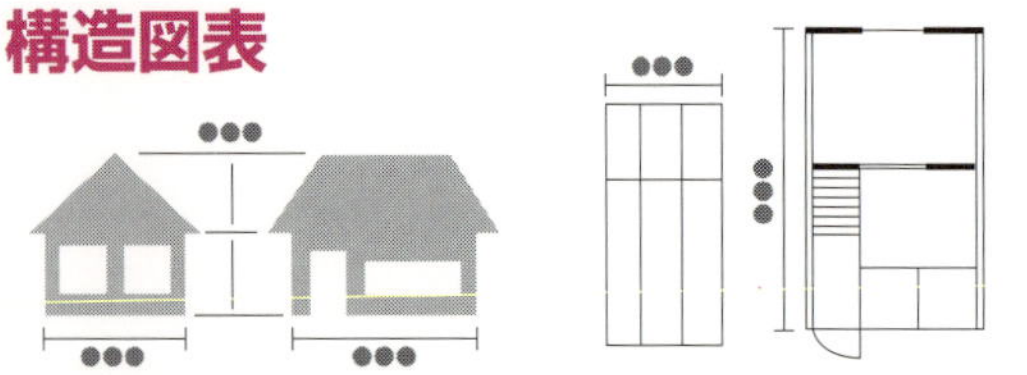

実物の構造を表わしたもので、正面図、側面図、平面図、写生図などがある。

フローチャート

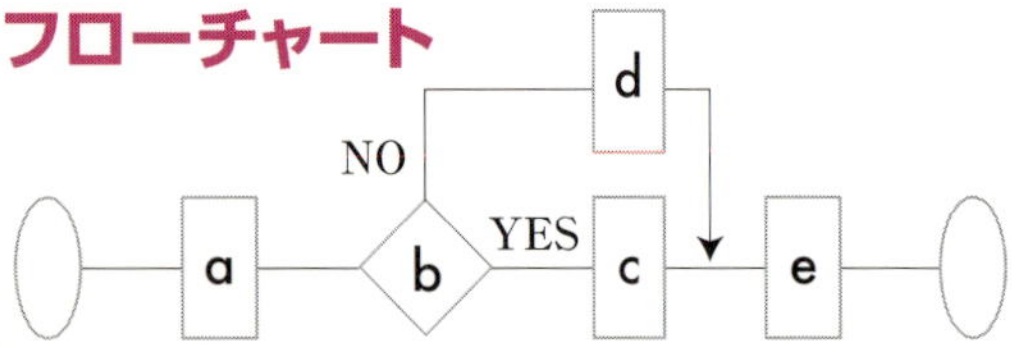

事務手続き、作業手順などのような事柄の流れを表わしたもの。

・図表化

比率には円グラフを、数値の変化には折れ線グラフを使うというように、数字のビジュアル化を行なうことである。図表化には、次の統計図表、説明図表の二つがある。

①統計図表（事実や状況の比較・推移を表わす）

〈点図表〉点で数値を表わし、点の多少によって大小を表わす。興味や印象を深めるために、点の代わりに関係のあるもので表わすこともある。車の生産台数を車の形で表わすなど。

〈線図表〉棒グラフと線グラフがあり、一般的によく使われる。棒グラフは、分析や比較を見るのに最適であり、線グラフは時間的な推移や変化を見るのによい。

〈面積図表〉面積の大小で数値を表わしたものであり、円グラフがその代表である。内訳、構成比を示すのに使われる。

〈物象図表〉面積図表をものの形で表わしたもので、親しみやすさを演出するのに使われる。

②説明図表（事実や状況、関係を表わす）

〈組織図表〉部分と部分、部分と全体を表わしたものである。相関関係がはっきりしているので、図にするとわかりやすい。

〈構造図表〉実物の構造を表わしたもので、正面図、側面図、平面図、写生図などがある。

〈フローチャート〉事務手続き、作業手順などのような事柄の流れを表わしたものである。

数字を図表化する

1 統計図表（事実や状況の比較・推移を表わす）

点図表

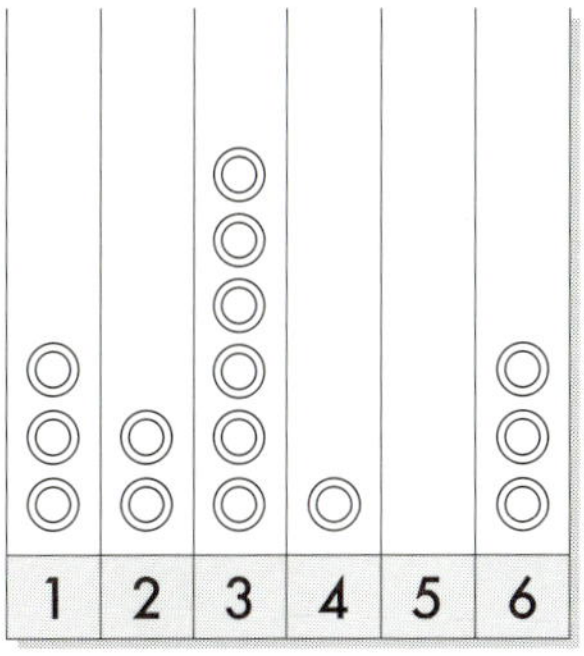

点で数値を表わし、点の多少によって大小を表わす。

線図表

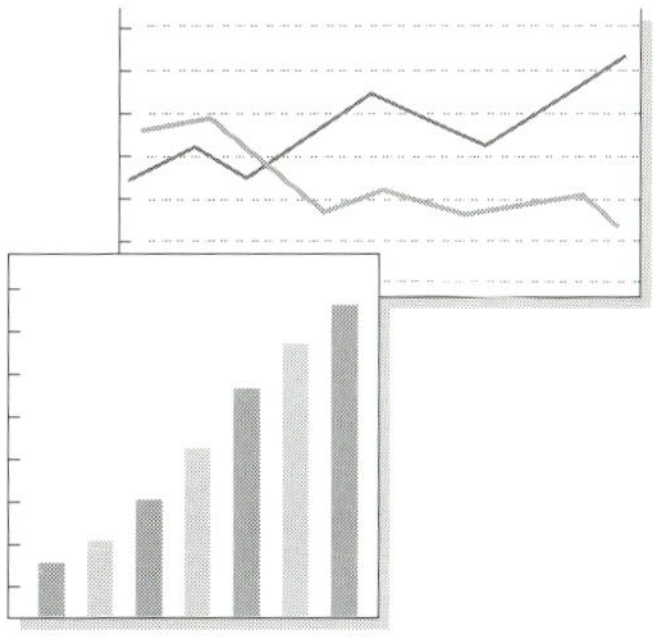

棒グラフは、分析や比較を見るのに最適であり、線グラフは時間的な推移や変化を見るのによい。

面積図表

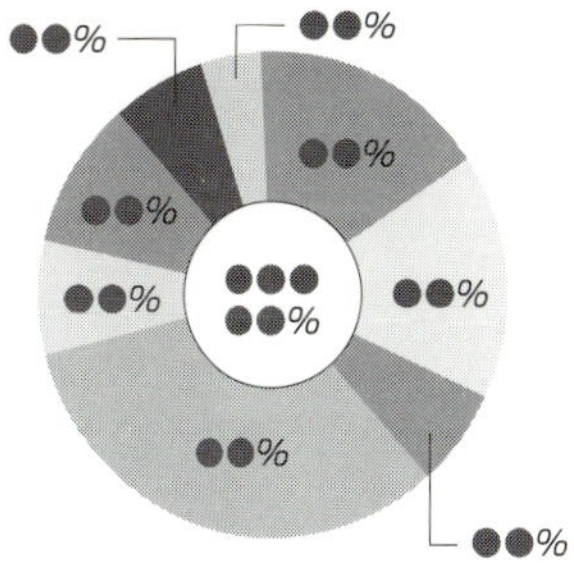

面積の大小で数値を表わしたものであり、円グラフがその代表。

物象図表

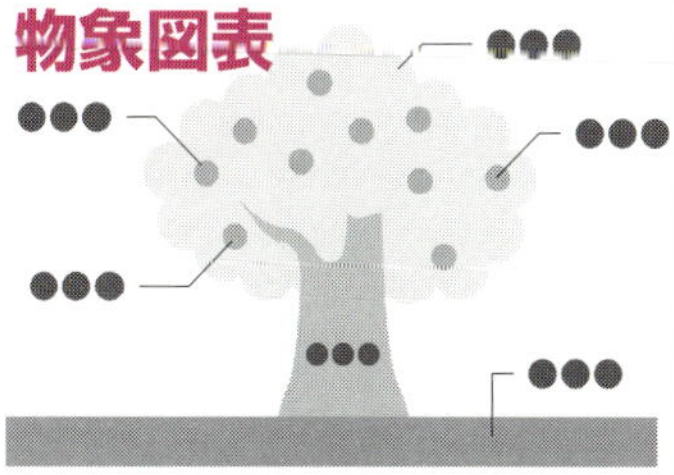

面積図表をものの形で表わしたもので、親しみやすさを演出するのに使われる。

POINT

説明資料は、一見して相手にイメージを描かせることのできるものが理想的である。そのために、できるだけ単純化して、ビジュアル化する。

34 信頼感を与える方法
メリット・デメリットの両面を話す

中小企業向けの家具塗装ロボットの開発プロジェクトを担当していたときのことである。

プロジェクトの委託先として、大手ロボットメーカーと中小の塗装装置メーカーの二社がエントリーしてきた。どちらが委託先になるかは、ヒアリング結果で決めることになっていた。

あえてデメリットを話す

大手ロボットメーカーの担当者は、誇らしげに実績を語る。そして、問題点などまったくないと言わんばかりに、開発ロボットのメリットを話す。しかし、その構想を実行するには、予算の二倍以上もかかってしまうし、余分な動作が多すぎ、過剰な設備になることは目に見えている。われわれの目的である中小企業向けの安い家具塗装ロボットはできない。ヒアリングのなかで、担当者からはこれらのデメリットについての話を聞くことはなかった。

一方、中小の塗装装置メーカーの担当者は、構想が現実化したときのメリットはもちろんだが、まだ研究成果の実証データが少ないことを認め、研究開発の期間中に、解決しなければならない問題点や課題が残っていることを素直に認めるなど、デメリットも話してくれた。

私は、中小の塗装装置メーカーに軍配をあげた。評価に携わった他の専門家五人も私と同様の評価をし、委託先は中小の塗装装置メーカーに全員一致で決まった。

なぜわれわれ六人の評価結果が一致したのだろうか。もちろん、技術的に優れていたことは当然のことであるが、中小の塗装装置メーカーの担当者に信頼感をもったからである。担当者は、あえてデメリットも話すことで、この企業なら課題はあっても何とかしてくれると、われわれに思わせたからである。

相手に信頼感をもってもらう

われわれは、すべてのことに裏表があることを知っている。夜空に輝く月は、表側だけでなく、裏側も見ないと、その本当の姿を知ることができない。説明でもメリットばかり話されては、デメリットがわからず、全体像がつかめない。デメリットを話さない説明は、うさんくさく、信頼感をもてない。

以上のことから、説明内容に詳しい人などに話す場合は、あえてデメリットを話したほうがよいケースが多い。長いおつきあいには、信頼感が欠かせない。あえてマイナス情報を与え、納得のうえで判断してもらうことである。

ただし、やたらデメリットを話せばよいというものではない。説明相手に心配性の人がいて、デメリットを聞いただけで不安になり、決断を渋るということもある。こういう場合は、デメリットを強調しないように話す。メリットをたっぷりと強調したうえで、デメリットをさらっと話す。そして、最後に「大丈夫です。心配はいりません」とはっきり言い、さらにデメリットの印象を薄める。

メリットばかりではなく、デメリットも話す。これは、説明の高等戦術の一つでもある。

デメリットも話して信頼を得る

大手ロボットメーカーの担当者

ウチのロボット
スゴイヨー
カンペキ!
ROBO
んー…
本当か?

◎誇らしげに実績を話す
◎問題点などまったくないと言わんばかり
◎開発ロボットのメリットばかり

↓

デメリットを話さない説明は信頼感がもてない

中小の塗装装置メーカーの担当者

◎構想が現実化したときのメリット
◎研究成果の実証データが少ないことを認める
◎問題点や課題が残っていることを素直に認める

↓

この企業なら課題はあっても何とかしてくれる

課題…
しかし
データが…
信用できそう…
フーム…

POINT

メリットばかり話されては、デメリットがわからず、全体像がつかめない。メリットばかりではなく、デメリットも話す。これは、説明の高等戦術の1つでもある。

35

相手を感心させる方法

調査・分析が十分なことをほのめかす

湖面を泳ぐ白鳥の姿は、なんと優雅であろうか。まるで、ゆっくりと過ぎゆく時の流れを楽しんでいるかのようである。しかし、水面下に目をやれば白鳥は水かきのついた足で、一所懸命にかいている。はたからは、一見優雅そうに見えても、陰では白鳥自身はそれなりの努力をしているのである。

説明も同じで、一見何気ない説明も、そこに至るまでには、白鳥と同じように苦労をする。

苦労したことを知らせる

氷山を思い描いていただきたい。氷山の水面上に出ている部分の体積は、全体の約一〇分の一で、残りの一〇分の九は水面下にある。船がぶつかって、座礁するのはこのためである。

説明も、話したこと以外に目に見えない部分が大きい。ヒアリング、統計資料、新聞、雑誌、本、論文などを調査・分析して、説明のテーマについての知識を深めたり、使えるものを取捨選択する。これが結構大変である。

あるとき、物流関係のプロジェクトの診断を担当した際に、国際貨物の需要について調べないと、判断が下せないということになった。そこで、私は毎日、経済紙を見て、関係する記事をスクラップした。経済関係の月刊誌や週刊誌を見たり、バックナンバーをあさったりもした。そのうえ、国土交通省に行ったり、シンクタンクに行ったりして情報を集めた。

しかし、そこまでして集めた情報も、実際の説明のときは、ほんの数行の言葉を発して終わってしまうことが多い。なんと虚しいことか。やっと手に入れた情報が数行を残して、あとは無惨にも捨てられてしまうのである。

さらに残念なことに、聞き手は私がどんなに苦労してつくりあげた説明かを思いやる気持ちをもちあわせていない。「このくらいの説明なんか、できて当たり前」と言わんばかりの様子で聞いている。こんなとき思う。少しでも私の苦労を知ってほしい、知ろうとしてほしいと。

そこで、一言つけ加える。「この数字は、国土交通省に行って確かめました。A研究所のデータでもほぼ同じ数字になっています」と。

さらには、新聞記事や雑誌の切り抜き、自分でつくったデータ図表などを見せる。このときの相手の表情は、それまでの淡々としたものから、「そうか、そこまで調べ、分析しているのか」と言いたげな、感心した表情に変わる。

相手に信頼感を与える

一言追加したこと、自分で集めた資料やつくった資料を示したことが、確実に相手に信頼感を与えることになる。私は、この表情を見ただけで、いままでの苦労が報われた思いになる。だから私は、あえて調査・分析を十分したうえでの説明であることをほのめかす。これも一種のパフォーマンスである。

あなたも、調査・分析が十分なことをほのめかそう。遠慮はいらない。ただし、やりすぎないように注意を要することは言うまでもないことである。

相手に信頼感を与える一言

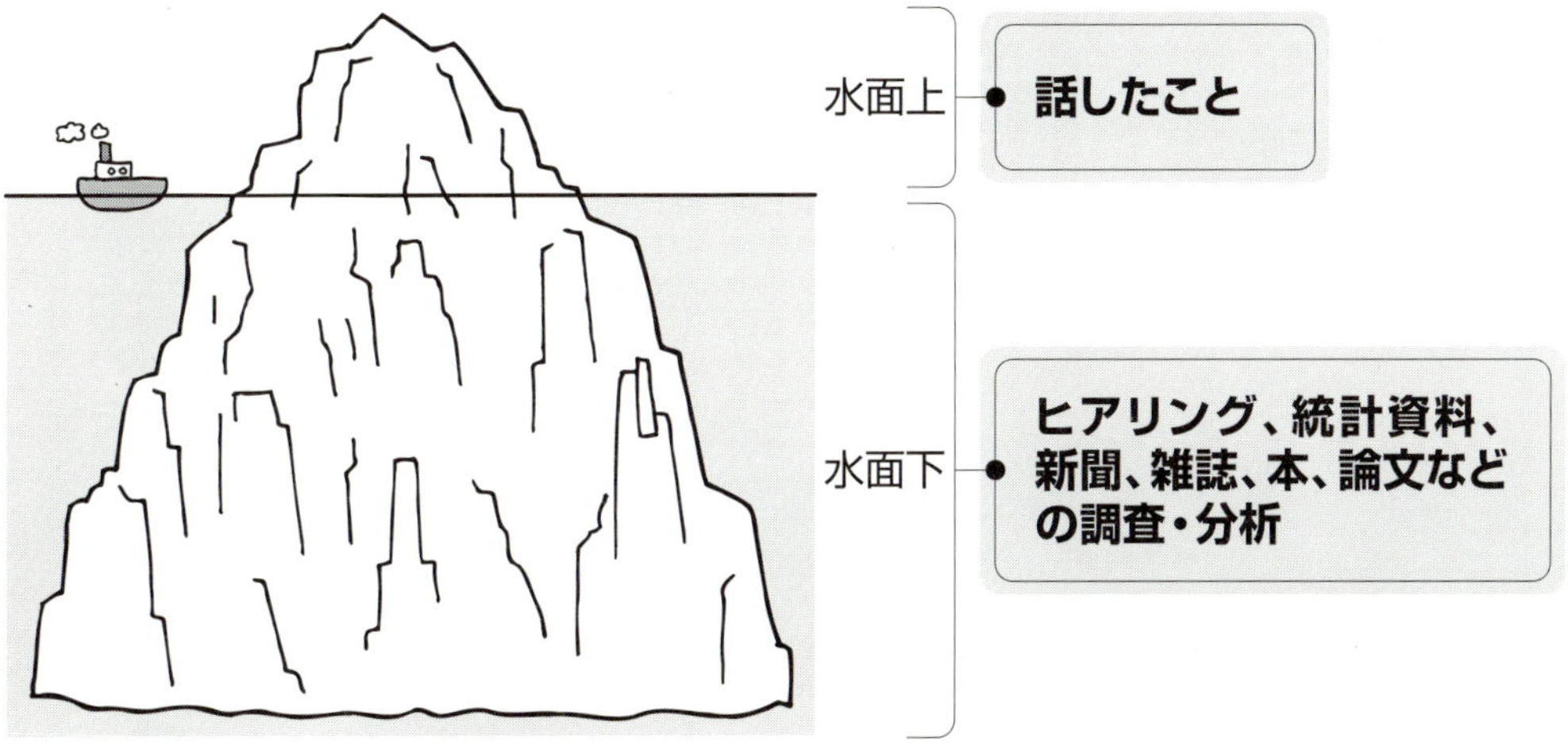

水面上
話したこと
水面下
ヒアリング、統計資料、新聞、雑誌、本、論文などの調査・分析

「そうか、そこまで調べ、分析しているのか」
よしよし
「この数字は、国土交通省に行って確かめました」

新聞記事や雑誌の切り抜き、自分でつくったデータ図表など

POINT

調査・分析が十分なことをほのめかすことによって、相手は感心し、あなたに信頼感をもつ。

36

繰り返しの手法

重要箇所は繰り返しで相手に印象づける

「私の名前は、高嶌幸広と申します。タカシマは、芸能界で有名な高島ファミリーの高島忠夫、高嶋政宏、高嶋政伸のタカシマです。でも、タカシマのシマがちょっと違うんです。海に浮かぶ島ではなくて、山を書いて、その下に鳥を書きます。『高嶌』です。よく『タカトリさん』とか、『タカハシさん』とか、『タカツタさん』などと呼ばれてしまいますが、私は『タカシマ』と申します」

　これは、講演会、研修会などでやる私の自己紹介の一部である。たった九行のなかで、一〇回も「タカシマ」を繰り返している。これに、「タカ」と「シマ」を加えれば、一五回にも及ぶ。これだけ名前を繰り返せば、だれもが私の名前「タカシマ」を覚えてしまう。

二〇回以上聞くと覚えてしまう

　われわれ人間は、同じことを何回も繰り返して聞くと、それを覚え込んでしまうという習性がある。ある心理学者は、同じことを二〇回以上聞くと覚えてしまうと言っている。同じことを何回も聞くと、頭の記憶回路が強くなる。同じ刺激が何度も何度も、同じ回路を通る。ちょうど、山に棲む動物が道のなかったところを何回も通っているうちに、獣道ができるのと同じように、記憶回路も強固になる。

　しかし、これだけ効果のある「同じことを何回も繰り返して言う」手法を、われわれはあまり使おうとしない。それは、われわれが「口頭による説明」よりも、「書くことによる説明」に重きをおいてきたからである。書くことでは、繰り返しのないほうがよしとされる。

説明のポイントを何回も繰り返して言う

↓

同じことを何回も聞く

↓

頭の記憶回路が強くなり、印象づけられる

しかし、口頭による説明では、ためらわずに繰り返しの手法を使うことである。なぜならば、視覚の印象度よりも、聴覚の印象度のほうがずっと弱いからである。さらには、口頭での言葉は、すぐに消えてしまう。だから、説明のポイントを何回も繰り返して言うのである。

言葉を変えながら繰り返す

ただし、やみくもに同じことを繰り返せばよいというものではない。「しつこい奴」と思われるだけである。こういうときには、言い方がある。言葉を変えながら、同じ意味のことを繰り返す。たとえば、次のようにである。

「先月売り出したばかりの新製品の売上は、非常に好調です。非常に好調というのは、具体的には予定販売数の一万台に対して、一万二〇〇〇台と二〇〇〇台も予想を上回っているからです。予定の二割もオーバーするという好調さです。先月売り出した新製品の売上は、このように非常に好調です」

いかがだろうか。新製品の売上が「非常に好調」であることをこの七行のなかで、言葉を変えながら何回も言っている。

説明上手は、繰り返すことの大切さを知っている。重要箇所では、必ず「同じことを何回も繰り返して言う」手法を使っている。あなたもこの方法で、説得力あふれる説明をしていただきたい。

繰り返しで印象づける

ナルホド
「先月売り出したばかりの新製品の売上は、**非常に好調**です。**非常に好調**というのは、具体的には予定販売数の1万台に対して、1万2000台と**2000台も予想を上回っている**からです。予定の**2割もオーバーする**という**好調さ**です。先月売り出した新製品の売上は、このように**非常に好調**です」

POINT

説明上手は、繰り返すことの大切さを知っている。重要箇所で、「同じことを何回も繰り返して言う」手法を使うと、説得力あふれる説明ができる。

37

質疑応答の進め方

質問の受け答えも大事な説明の一部

あなたは、「説明が終わったあとの質疑応答は苦手ですか」と尋ねられたら、きっと「はい」とうなずくであろう。

説明以上に質疑応答を苦手としている人が結構いる。それは、相手が何を質問してくるかわからずに、不安になるからである。知らないことを質問されたらどうしよう、答えられずに恥をかいたらどうしようなどと考えて、しり込みをしてしまう。

想定問答集をつくっておく

しかし、この質疑応答から逃げてはいけない。質問にどう答えるかによって、それまでの説明の苦労が報われるか、そうでないかが決まるし、あなたの評価も決まってしまう。

では、この質疑応答は、どう進めたらよいのだろうか。まずは、質問を受けるときに注意しなければならない点について、次にあげよう。

①十分な準備と、できれば想定問答集をつくっておく。

〈質問への答え方〉

1. 質問の答えに自信があれば、はっきりとした口調で、相手の目を見て答える。
2. 質問の答えを用意していないときは、「当たらずといえども遠からず」で答える。
3. それも心配であれば、あとで答えを伝える旨を告げる。
4. 口からでまかせのいい加減な答えはしない。
5. 間違った答えをしたことに気づいたときは、相手がわかっていれば、すぐにその相手に訂正の連絡を入れる。
6. あえて質問の答えになっていないことを話さなければならないときは、はじめに「質問の答えにはなっていないと思いますが……」と断りを入れる。断りは、最後のほうでもかまわない。流れのなかで考えればよい。

②質問をしっかり聞き、意味を把握する。
③その際に聞き違えがないようにメモをとる。
④質問の意味がわからない場合は、聞き返して確認する。
⑤それでもわからないときは、「こんな質問ですか」などのように、相手を誘導する。
⑥質問が錯綜したりしているときは、質問をいくつかに整理する。

相手の目を見て答える

質問の答え方については、次のとおりである。
①質問の答えに自信があれば、はっきりとした口調で、相手の目を見て答える。
②質問の答えを用意していないときは、「当たらずといえども遠からず」で答える。
③それも心配であれば、あとで答えを伝える旨を告げる。
④口からでまかせのいい加減な答えはしない。
⑤間違った答えをしたことに気づいたときは、相手がわかっていれば、すぐにその相手に訂正の連絡を入れる。
⑥あえて質問の答えになっていないことを話さなければならないときは、はじめに「質問の答えにはなっていないと思いますが……」と断りを入れる。断りは、最後のほうでもかまわない。流れのなかで考えればよい。
質問の受け答えも、大事な説明の一部であることを心に銘じて、説明に臨んでいただきたい。

質問の受け方・答え方

〈質問を受けるときの注意点〉

① 十分な準備と、できれば想定問答集をつくっておく。
② 質問をしっかり聞き、意味を把握する。
③ その際に聞き違えがないようにメモをとる。
④ 質問の意味がわからない場合は、聞き返して確認する。
⑤ それでもわからないときは、「こんな質問ですか」などのように、相手を誘導する。
⑥ 質問が錯綜したりしているときは、質問をいくつかに整理する。

POINT

質問の受け答えも大事な説明の一部であることを心に銘じて、説明に臨む。

38 納得ポイントのつかみ方

相手を見て説明の仕方を変える

『日本経済新聞』（一九九一年八月一九日付）にこんな話が載っていた。

湾岸戦争が終わって間もないころのことである。自民党のある国会議員が、イギリスに行ったとき、あるパーティーに出席した。その席上で、当時の海部政権の見通しを尋ねられた。そして、次のように説明した。

相手にわからないたとえ話は意味がない

「湾岸戦争が起き、一時は二死満塁のピンチに立たされたが、どうやら乗り切り、いまや続投の声が応援席から上がっている」

日本の政治家にはユーモアが足りないと、常日ごろから言われているのが頭にあったのか、その国会議員は野球用語を使って、多少は気のきいた話をしたつもりだった。

ところが、参加者の反応は鈍く、つまらなそうな顔をしていた。

あとで、政治家は次のようにこぼしたそうである。

「イギリスじゃあ野球は流行っていないんだな。ラグビーを例にしてやればよかった」

「あとの祭り」とは、まさにこのことである。なんととんちんかんな説明なのだろうか。こんな説明をするから、日本の政治家はバカにされる。なんともはやである。相手のことを少しでも考えていたならば、野球の例は決して出さなかったであろう。

しかし、われわれはこの国会議員を笑えるだろうか。笑えるはずがない。多かれ少なかれ同じことをしているからである。

Cさんはデータを揃えなければ
納得してくれない
「君、私はほかの人とは違うんだ。そんな内容のない説明では納得しないね。もっとデータを揃えてからにしてほしいね」
ムズカシイ…

相手は何を求めているか

たとえば、あなたは上司から次のようなことを言われないだろうか。

「君、そんな細かいこと聞きたくないよ。君の説明は、いつもそうなんだから。私の知りたいことをそろそろわかってもいいんじゃないのかね」

「いつも言ってるだろう。私は、もっと具体的なことを聞きたいんだ。君の説明は、抽象的なんだよ」

「君、私はほかの人とは違うんだ。そんな内容のない説明では納得しないね。もっとデータを揃えてからにしてほしいね」

これらのように、Aさんは大まかな説明でも大丈夫、Bさんは細かいところまで説明しないと納得してくれない、Cさんはデータを揃えなければ納得してくれない、Dさんは感情に訴えればいちころなど、人によって納得ポイントが違っている。

それをみんな同じに説明するのは、間違いと言わざるを得ない。

「人を見て法を説け」ということわざがあるとおり、相手がどんな人か、何を説明に求めているのか、どこを突けば説得できるのかなど、人によって説明の仕方を変えなければならないのは当然のことである。

人によって説明の仕方を変える

Aさんは大まかな説明でも大丈夫

Bさんは細かいところまで説明しないと納得してくれない

「君、そんな細かいこと聞きたくないよ。君の説明は、いつもそうなんだから。私の知りたいことをそろそろわかってもいいんじゃないのかね」
「いつも言ってるだろう。私は、もっと具体的なことを聞きたいんだ。君の説明は、抽象的なんだよ」

POINT

相手がどんな人か、何を説明に求めているのか、どこを突けば説得できるのかなど、人によって説明の仕方を変えなければならない。

39 人間味のある説明

理性ばかりではなく感情にも訴える

朝の連続テレビドラマを見ていると、次のような場面が多い。

ドラマの後半になると、ストーリーの展開が急にあわただしくなる。結婚しそうもなかった登場人物が急に結婚したり、子供を産んだりする。また、そうかと思えば、死んだはずの人が急に生き返ったりと、まったく信じられないような展開をみせる。さらに、ドラマの最後では、それまでの悲しい話や不幸話が、一転してハッピーエンドで終わる。

理性と感情がケンカをしたら感情が勝つ

われわれは、こんな展開をなんだか変だなと思いながらも、不自然なドラマに魅了されてしまう。ドラマのストーリーに論理性がなくても、そのドラマを受け入れてしまい、納得してしまうのである。

なぜだろうか。人間は、感情の動物だからである。理性と感情がケンカをしたら、感情が勝つ。テレビドラマの制作者は、このことをよく知っている。論理性よりも感情を追うほうが、視聴者には説得力がある。

説明でも、このテレビドラマの手法を使わない手はない。前節までは、論理的な説明をどうするかという話をしてきたが、この節ではさらに説得力を増すために、感情に訴えることについてお話しする。

「あいつは仕事はできるのに、人柄がね」

これは、仕事は人一倍できるのに、人づきあいの悪い人や態度の悪い人に対して、よく使われる言葉である。こんなことを言われると、日本の社会では、もう先の見込みがなくなることになる。仕事のできないやっかみでもあるのだが、やっかみの範疇をはるかに超えて、発した言葉は直接的、あるいは間接的に相手に突き刺さる。恐ろしいことである。

われわれは、経済効率を優先するビジネスのなかで生きているはずなのに、人格や人柄を最重要視するのだから、これほど非論理的なことはない。しかし、現実はそうなのである。

論理的で人間味がある説明を心掛ける

説明でも、論理にこだわりすぎると、次のように言われてしまう。

「あいつの説明は論理的だけど、機械的で冷たいね」

こんな言葉を言われないためにも、説明の前には論理性を徹底的に追求するが、本番では論理性にこだわらないことである。その場の雰囲気や流れに身を任せながら、笑顔を見せて、相手の存在を認めているといった態度で話す。そうすれば、相手は言うだろう。

「彼の説明は、論理的で人間味があるね」

このように言われたら最高である。説明者冥利につきるというものである。説明する側の理性と感情のバランスがうまくとれたときに、相手はこの言葉を発する。

論理的な説明は、相手の反発を招くことがある。だからこそ、理性ばかりではなく、感情にも訴えなければならない。

感情にも訴えかける

論理にこだわりすぎると

で、
あるから!
そして、
「あいつの説明は論理的だけど、機械的で冷たいね」

笑顔を見せて、相手の存在を認めているといった態度

と、いうことなんですよ!
「彼の説明は、論理的で人間味があるね」

POINT

論理的な説明は、相手の反発を招くことがある。だからこそ、理性ばかりではなく、感情にも訴えなければならない。

40 態度や話し方を変えて説得力を高める

印象をよくする方法

現代は、イメージ先行の時代である。実力がなくてもイメージが良ければ、過大に評価される。その逆に、実力があってもイメージが悪ければ、過小に評価されてしまう。

しかし、われわれ日本人は、よく次の言葉を口に出して、イメージについてあまり考えようとはしない。「外見よりも中身だよ」——なんともかっこいい言葉である。正論だが、現実は大いに違う。「外見」がものをいう。

あなたの印象が悪ければ、相手は素直に聞いてくれないし、せっかく内容のある話をしても、認めてくれなかったりする。判断基準は、「中身よりも外見」なのである。

言葉以外の要素も大事

では、イメージはどう形づくられるのだろうか、アメリカの心理学者メーラビアンと非言語コミュニケーションの研究家バードウィステルの研究成果を参考に考えてみよう。

メーラビアンは、ある人が他の人にある感情を言葉で伝えようとするときに、聞き手の受け取る相手への好感の総計は、①言語〇・〇七と②周辺言語（話し言葉に付随する音声上の性状や特徴など）〇・三八と③顔の表情〇・五五を足したものであるという。

これを簡単にいえば、人の印象は顔の表情と話し方で九割以上が形づくられ、言葉そのものは一割にも満たないということである。

また、バードウィステルは、二人の間でのコミュニケーションでは、言葉によって伝えられるメッセージは全体の三五パーセントにすぎず、残りの六五パーセントは話し振り、動作、

4 力強くはっきり話す。

5 視線は、資料ばかりに向けないで、なるべく相手に向ける。

6 筆記用具をもてあそぶなどの余分な体の動きはしない。

7 反論や意地悪な質問には、感情的にならずに冷静に対処する。

ジェスチャー、相手との間の取り方などの言葉以外の手段によって伝えられるという。

これらは、そのままは受けとれないものの、いかに言葉以外の要素が、コミュニケーションに影響を与えているのかを教えてくれている。だから、説明のときでも、態度（表情も含む）や話し方といったイメージが大切なのである。

きちんとした服装で力強く

よいイメージを与える方法は、次の七点を心掛けることである。

①きちんとした服装をする。
②相手と顔を合わせたら笑顔を見せる。
③椅子には深く腰掛けないで、体は少し前に傾ける。
④力強くはっきり話す。
⑤視線は、資料ばかりに向けないで、なるべく相手に向ける。
⑥筆記用具をもてあそぶなどの余分な体の動きはしない。
⑦反論や意地悪な質問には、感情的にならずに冷静に対処する。

あなたは、もはや「説明は内容さえあればいい。態度や話し方なんて関係ないよ」とうそぶくことはできない。これからは、内容・組立てはもちろんのこと、態度や話し方にも、気を配らなければならない。イメージを高めれば、あなたの説得力はもっと高まる。

よいイメージを与える方法

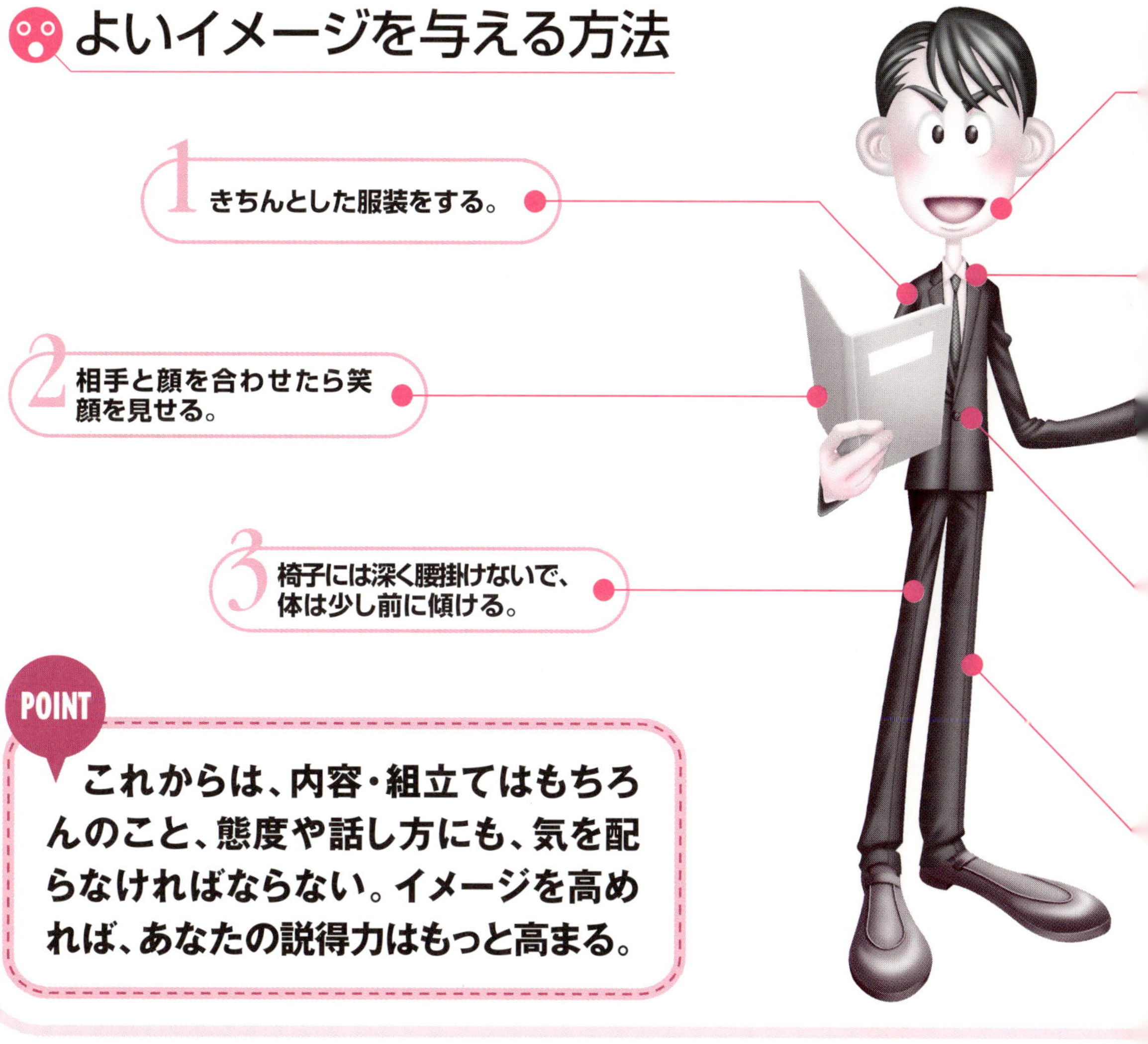

1 きちんとした服装をする。
2 相手と顔を合わせたら笑顔を見せる。
3 椅子には深く腰掛けないで、体は少し前に傾ける。

POINT

これからは、内容・組立てはもちろんのこと、態度や話し方にも、気を配らなければならない。イメージを高めれば、あなたの説得力はもっと高まる。

41 説明上手になる近道

説明上手を真似るのが上達への近道

論理的な説明ができたら、どんなにすばらしいことか。二十代のころの私は、そう思い続けていた。社会人になってからは、毎日が説明、説明の連続である。それなのに、私はといえば、説明が大の苦手だったからである。

そこで、話し方やプレゼンテーションの本を読んで勉強をした。しかし、一向に説明はうまくならなかった。どうしたらよいものかと考えあぐねていたとき、ふと、学生時代に文章作法を学んだときのことを思い出した。

真似るのが上達の最善の方法

文章作法を学んだときは、いろいろな文章読本を読みあさった。ある一冊に、志賀直哉の『城の崎にて』が、文章を学ぶのに最適だと書いてあった。

私は、さっそく、本を買い込んで、来る日も来る日も読んで、読んで、読みまくり、写して、写して、写しまくった。そして、文章をそらんじることができるようになった。

ここまでやると、志賀直哉が私に乗り移ったような感覚になる。いままでの書くことに自信をなくしていた自分ではなくなっていた。文章を書くことへの劣等感が薄らいでいた。それは、文豪の感覚が私にも、少しは身についているという自信ができたからであった。

その割には、私の文章が下手だと、あなたは笑っているかもしれない。しかし、志賀直哉の文章の真似をしなかったら、いまの私はなかったかもしれない。こうして本を書くなんて、できなかったかもしれない。このとき私は、真似から入るのが、物事をマスターするためには、最善の方法だと得心した。

身近にいる説明上手を真似る

音楽や絵画で代表される芸術はもちろんのこと、科学やビジネスなどのすべての分野で頭角を現わす人は、優れた先達の真似をしている。なぜならば、優れた先達はその道で成功する秘訣を身につけているからである。それを真似することで、その秘訣を自然に丸ごと身につけることができるのである。

こういうわけで、私は説明の仕方も、学習も、真似からはじめた。身近にいる説明上手の真似をした。さらに、プレゼンテーションの第一人者の真似をした。テープを何度も何度も聞きまくった。テープが伸びきって、もうこれ以上聞けないというところまで聞いた。私がこうして説明の本を書けるのも、そのときの真似のおかげである。

あなたも、人の真似をするべきである。まずは、身近にいる説明上手を真似てみることである。そのときは、左の手順で行なうとよい。

すべては真似からはじまる。真似て、真似て、真似抜いて、真似抜き通したところに、あなたのオリジナリティが現われる。だから、真似することを躊躇してはいけない。

「まなぶ」ということは、「まねぶ」ことなのである。説明上手を徹底的に真似ること。これが、説明上手になる近道である。

説明上手を真似る手順

1. 真似する対象者は、あなたの感性に合った説明上手を選ぶ。
2. 対象者の説明の仕方をそのまま受け入れる。批判や分析は絶対にしない。
3. 対象者になりきったような感覚を感じるまで徹底的に真似る。
4. さらに、真似することへの違和感が生まれてくるまで真似をし続ける。
5. 違和感が生まれたら、なぜそうなのかをあなた自身に問うてみる。
6. そして、対象者の分析を試みる。あなたと対象者の違いをはっきり知る。
7. 両者の違いを知ったところで、あなたの最も素直な説明のスタイルを描き出す。
8. あとは、あなたのスタイルを確立するために実戦あるのみ。ただし、反省は忘れない。

POINT

すべては真似からはじまる。真似抜き通したところに、あなたのオリジナリティが現われる。説明上手を徹底的に真似ること。これが、説明上手になる近道である。

42 論理的な文章を書く訓練をする

言いたいことを明確にする

論理的な説明をマスターするためには、話すことだけを学んでいたのでは限界がある。書くことも学ばなければならない。書くことは、考えることだからである。

正確にわかりやすく書く

書くことによって、何が言いたいのか、訴えたいのかが明確になる。頭のなかにある記憶の検索や集めた情報の整理、そのなかで何が重要なのか、優先順位はどうか、相手にどう届けるのか、的確な言葉は何かなど、書くことによって、さまざまなことを考える。

しかし、下手な字や文章は書きたくないというのが、われわれの素直な気持ちである。そのために、書くことの大切さはわかっていても、なかなか書くことをしない。仕事では、しかたないから書いているが、なるべく書きたくない。そう思っている人が多い。

そんな人は、どうすれば書くことができるようになるのだろうか。基本的には、文章を書くことはむずかしくないと思うことである。ビジネス文章に必要なのは、事柄を正確にわかりやすく書くということである。

ほとんどの人が、ビジネス文章と小説や随筆などの文章とをいっしょくたにして、かっこいい表現をしようとするからうまく書けない。自分で書くことをむずかしくしているだけである。正確にわかりやすく書くことは、地道な訓練をすればできることである。

自分の考えを文章にする

次に、その訓練方法を紹介しよう。

4 手紙を書く

積極的に手紙や葉書を書く。慣れてくると下書きなしに書けるようになる。

お久しぶりです
お元気ですか?

5 優れた筆記用具を使う

優れた筆記用具を使うと文章を書きたくなる。下手な文字や文章でも、筆記用具が書かせてくれる。

良いペンだから
スラスラ書けそう
どんどん
書くぞ!

①文章上手を真似る

これは、前節のように、優れた作家の真似をすることである。文章の対象は、短いほうがよく、感情や気持ちの描写に優れたものよりも、事柄の描写に優れているものを選ぶ。それをそらんじることができるまで書きまくる。

②日記をつける

自分の気持ちを素直に書く。多少の誤字脱字、文章の乱れは気にしない。目的は、いかに自分の考えていることと、書くことを一致させるかである。継続させるには、毎日必ず書かなければならないと思わないことである。

③文章講座を受講する

カルチャーセンターなどの文章講座に通う。忙しくて通えないなら、通信講座を受ける。費用が安くて、自由な時間に書けるのがよい。

④手紙を書く

積極的に手紙や葉書を書く。慣れてくると下書きなしに書けるようになる。ここまでくると、あなたの腕はかなりのレベルに達しているはずである。

⑤優れた筆記用具を使う

優れた筆記用具を使うと、文章を書きたくなる。下手な文字や文章でも筆記用具が書かせてくれる、そんな感覚になるから不思議である。

論理的な説明をしたければ、論理的な文章を書けなければならない。論理的な文章から論理的説明が生まれる。

論理的な文章を書く練習の方法

1 文章上手を真似る

優れた作家の真似をする。文章をそらんじることができるまで書きまくる。

2 日記をつける

自分の気持ちを素直に書く。目的は、いかに自分の考えていることと、書くことを一致させるか。

3 文章講座を受講する

カルチャーセンターなどの文章講座に通う。忙しくて通えないなら、通信講座を受ける。

POINT

論理的な説明をしたければ、論理的な文章を書けなければならない。論理的な文章から論理的説明が生まれる。

43

即席話の練習法

即興話をして話すことに慣れる

映画『モダン・タイムス』で有名なチャーリー・チャップリンは、画面のなかの主人公よろしく、はにかみやで内気な性格だった。そのためか、人前で話すのが大の苦手だった。

しかし、人気が高まるとともに、人前で話すことを求められるようになったチャップリンは、苦手をなんとか克服しようと考えた。そして、俳優仲間と三人で、会うたびごとにある方法を試みた。それは即席話をすることだった。

決められた時間内で話す

三人がそれぞれ、適当な言葉を思いつくままに、一件一葉でカードに書く。それを一まとめにして、トランプのように切る。そして、そのカードを三人の真ん中に置く。一人ずつそのカードをめくり、書かれてある言葉について、決められた時間内で話す。

これを長い間続けた結果、チャップリンは苦手を見事に克服した。さらに副産物がついた。頭の回転が速くなっていたのである。

この方法は、その場で即座に話をまとめなければならないので、大変な集中力が必要になる。最初は、話すことが頭に浮かばず、何を話せばよいのかを考えているうちに、時間がきてしまう。しかし、慣れるにしたがって、なんとか話せるようになってくる。

準備して話すよりも、このほうが話しやすいという人も現われてくる。その場で、何か話さなければならないというピンチが、頭を活性化させ、決断力をつけさせる。チャップリンの頭の回転が速くなったのもうなずける。

一分間の話からはじめる

次に、チャップリンの試みを参考にした即席話の具体的な練習方法を紹介しよう。

・初級コース

最初は、話す時間を一分間とする。与えられたテーマについて、とにかく話す。カードを見たときに、いちばんはじめに浮かんだことを話すのがよい。話題を選んではいけない。

話題は、自分の体験に基づいたものがよい。身近な話をする。自分のものになっていない話は、イメージがはっきりできていないために、話が途切れてしまい、続かないからである。

・中級コース

初級コースに慣れてきたら、話す時間を三分間とする。話題を頭のなかにイメージし、それを見ながら話すことを心掛ける。話の組立ても即座にできるようにする。なるべく、準備をしたときの話に近づけるように努力する。

・上級コース

中級コースをマスターしたならば、主題を出してみる。カードを見たら、即座に主題を言う。そして、話題を続ける。

これを徹底的にやったら、話すことがとても楽になる。どんなことについてでも、話せるという自信ができる。質疑応答のときでも、それなりに対応できるようになる。

あなたも、チャップリンからの素敵な贈り物を活用しよう。

即席話の具体的な練習方法

初級コース

最初は、話す時間は1分間。与えられたテーマについて、とにかく話す。カードを見たときに、いちばんはじめに浮かんだことを話す。話題は、自分の体験に基づいたものがよい。

中級コース

話す時間は3分間。話題を頭のなかにイメージし、それを見ながら話すことを心掛ける。話の組立ても即座にできるようにする。なるべく、準備をしたときの話に近づけるように努力する。

上級コース

中級コースをマスターしたならば、主題を出してみる。カードを見たら、即座に主題を言う。そして、話題を続ける。

POINT

その場で何か話さなければならないというピンチが、頭を活性化させ、決断力をつけさせる。これを徹底的にやったら、話すことがとても楽になる。

PART 6 説明能力を高めるコツ

44

改善のためのチェック法
ビデオで自分の説明をチェックしてみよう

あなたは、自分の説明している姿を見たことがあるだろうか。ほとんどの人が見ていないはずである。

ＰＡＲＴ５の40節で、態度や話し方の重要性をメーラビアンとバードウィステルの研究成果を参考にしながらお話ししたとおり、あなたの説明が相手にどんな印象を与えているかは、説明の成否を決める大事な要素である。だから、自分の説明している姿を知ることは、とても大切なことである。

しかし、ほとんどの人が知ろうとしない。普段は、人にどう思われるかを過剰なまでに気にする人が、説明となるとどうでもよくなるらしい。まったく不可解なことである。

まず自分の姿を知る

説明がうまくなりたければ、あなたは自分の姿を知らなければならない。自分の説明の良い点・悪い点を客観的に知らなければならない。そして、改善すべきところは、直していかなければならない。

私は、ビデオから、不必要な手の動き、下ばかり向いて相手を見ない視線、早口、一本調子の話し方などの欠点を知ることができた。そして、これらの欠点に気をつけながら、説明に臨んだ。その結果、欠点を短期間のうちに克服することができた。

では、どうすれば自分の説明している姿を知ることができるのだろうか。次に、その方法をお話ししよう。

態度、話し方、内容をチェックする

①人に聞く

あなたの説明に立ち会った人、あるいは説明相手に、あなたの説明の印象を尋ねてみることである。これは、とても役に立つ。

ただし、尋ねるのに勇気がいることと、尋ねた相手があなたに遠慮があって、本心を言わないことが多いために、現実にはむずかしいだろう。問題は、あなたの性格と尋ねる相手次第である。

②ビデオで見る

あなたのもっているビデオカメラを使う。いまや一家に一台となった感があり、家族もちには欠かせないビデオカメラは、家族を撮るためだけに使うのではもったいない。あなたのイメージアップにも、役立てなければならない。

もし、もっていなければ、レンタルでもよい。これで自分の姿がわかれば、安いものである。

私は、このビデオでのチェックをお勧めする。その項目は、大きく分けて態度、話し方、内容の三つである。

これらの具体的なことについては、左ページにチェックリストを掲げておいたので、参考にしていただきたい。このチェックリストで、いまのあなたの姿を確認し、改善点を見つける。そして、それらを直していく。

こうすれば、あなたの説明能力は、格段の進歩を遂げるに違いない。ビデオで、あなたの説明をぜひチェックしていただきたい。

態度、話し方、内容をチェックする

1 人に聞く

あなたの説明に立ち会った人あるいは説明相手に、あなたの説明の印象を尋ねてみる。

2 ビデオで見る

ビデオカメラであなたの説明の様子を撮影して、態度、話し方、内容の3つをチェックする。

ビデオを見てチェックしてみよう

項　目	Yes	No
体は相手にまっすぐ向けているか		
余分な体の動作はないか		
背筋を伸ばしているか		
余分な手の動きはないか		
明るい表情で話しているか		
視線は相手に向けているか		
髪形の乱れはないか		
きちんとした服装をしているか		
力強い声で話しているか		
話す速度は適当か		
聞きとれない言葉はないか		
ものの言い方がはっきりしているか		
話の間はとれているか		
変なアクセントやイントネーションはないか		
気になる言葉ぐせはないか		
相手に合った説明になっているか		
主題を明確に伝えられたか		
説明の組立てはうまくいったか		
説明の展開は魅力的に映ったか		
的確な比喩・たとえ話ができたか		
視覚に訴える説明ができたか		

POINT

チェックリストで、いまのあなたの姿を確認し、改善点を見つけて、それらを直していく。あなたの説明能力は、格段の進歩を遂げるに違いない。

45

本番直前の準備

説明の前にイメージトレーニングを行なう

「音速の貴公子」と呼ばれたF1レーサーのセナは、生前、レースの直前に、全コースを走り抜ける自分の車を脳裏に刻み込み、レースに臨んだという。セナは、一種のイメージトレーニングをしていたことになる。

また、一九九三年の陸上競技世界選手権・女子マラソンで優勝した浅利純子選手は、「イメージトレーニングのおかげで思いどおりのレースができた」と言った。

いまやスポーツ界では、イメージトレーニングが当たり前になっている感があるが、これは何もスポーツ選手に限ったことではない。絵画、囲碁・将棋などのあらゆる分野で活躍している人たちは、意識的あるいは無意識的に、このイメージトレーニングをしている。

不安感や緊張感を和らげる

イメージトレーニングは、あらかじめ、本番を疑似体験しておくことといってもよい。イメージのなかで本番を体験しておいて、本当の本番に備えるのである。こうすれば、本当の本番には、何度かそれに似た体験があるので、不安感や緊張感を和らげ、実力をいかんなく発揮できるというわけである。

私も、説明の前は、必ずこのイメージトレーニングをしている。

まず、説明の場所を思い浮かべる。椅子、テーブル、調度品、壁、天井、照明器具などがはっきりとイメージできる。次に、その空間のなかで落ちつきはらって、相手の表情を観察しながら、論理的な説明をしている自分の姿を思い浮かべる。さらに、相手が説明に聞き入り、ポ

1. 椅子に深く座る。手は軽く握って膝の上に置き、目は軽く閉じる。
2. 腹式呼吸を5回行なう。吸うときは、お腹をふくらませながら行なう。吐くときは、お腹をへこませながらゆっくり行なう。
3. 次に、手と足にグッと力を入れる。2、3秒したら一気に力を抜く。手足に温かさを感じるようになるまで、これを繰り返す。
4. 手足が温かくなったら、しばらくその温かさを感じている。そして、自信をもって、堂々と説明している自分の姿をイメージする。
5. しばし成功のイメージに浸ったら、再び手足にグッと力を入れて目を開ける。
6. この一連のステップを何回か繰り返す。

イント、ポイントでうなずき、私の説明が終わると、感心したような表情をしているのを思い浮かべる。私の心は、充足感で一杯になる。

成功のイメージに浸る

イメージトレーニングは、特別にむずかしいものではない。だれにでもできるものである。具体的には、次のようにする。

①下図のように、椅子に深く座る。手は軽く握って膝の上に置き、目は軽く閉じる。

②腹式呼吸を五回行なう。吸うときは、お腹をふくらませながら行なう。吐くときは、お腹をへこませながらゆっくり行なう。

③次に、手と足にグッと力を入れる。二、三秒したら一気に力を抜く。手足に温かさを感じるようになるまで、これを繰り返す。

④手足が温かくなったら、しばらくその温かさを感じている。そして、自信をもって、堂々と説明している自分の姿をイメージする。もちろん、先の私のイメージと同じような成功の姿を描く。

⑤しばし成功のイメージに浸ったら、再び手足にグッと力を入れて目を開ける。

⑥この一連のステップを何回か繰り返す。

最初は慣れないために、うまくできないかもしれない。しかし、あきらめないでいただきたい。必ずうまくできるようになる。イメージトレーニングで、あなたは変わる。

イメージトレーニングのやり方

手足にグッと力を入れ、2～3秒したら一気に力を抜く。

深呼吸するときは、ヘソの少し下くらいのところを意識する。

POINT

最初は慣れないために、うまくできないかもしれない。しかし、あきらめてはいけない。必ずうまくできるようになる。イメージトレーニングで、あなたは変わる。

46

あがりを上手にコントロールする

本番で実力を発揮する方法

あなたは、あがりのために手痛い失敗をしたことがないだろうか。きっとあるはずである。大事な商談や会議の説明で、シドロモドロになってしまったり、プレゼンテーションで重要なポイントを言い忘れたなどである。

あがりを適度な緊張に変える

私にも、あがりで失敗した苦い経験がたくさんある。二十代のころは、とくにそうだった。内容は、よくつかんではいるものの、相手から何を聞かれるかわからないという不安感に襲われたり、事前に話の組立てをしていても、あがりでそれをうまく生かせなかったりした。

そのうえ、相手に悪く思われはしないかと自意識過剰に陥ったりで、途中、自分自身で何を言っているのかさっぱりわからなくなって、メロメロな状態になってしまうことが多かった。その結果、私の評価は下がる一方だった。

私は、そのたびごとにあがりを呪った。あなたもそう思っているに違いない。このいまいましいあがりを防ぐ方法はないのだろうか。

残念ながらあがりをまったくなくす方法はない。人間はあがるようにできている。ただ、あがりを適度にコントロールすることはできる。その方法は、次のとおりである。

①あがりに寄り添う

あがりを積極的に受け入れて、あがりを良き友とする。そんな気持ちが、逆にあがりをコントロールできるのである。あがるまいとする気持ちが、あがりをさらに助長する。「あがりを楽しめ」と言いたい。

②準備をしっかりし、練習に練習を重ねる

多くのあがりは、準備不足や練習不足からくる。準備も練習もろくにしないで、人前に出たら、あがるに決まっている。説明の内容を十分に把握し、組立て、展開、データ集めなどの準備をしっかりしたうえで、練習を重ねて臨むなら、適度な緊張と興奮はあっても、何がなんだかわからないということはないはずである。

③イメージトレーニングをする

ふだんから、イメージトレーニングを行なう。さらには、本番直前で行なうと効果的である。このときは、本番のイメージを浮かべなくても、温かい感じに身を置くだけでも、十分効果がある。いったん現実の世界からイメージという虚の世界に遊んで、また現実の世界に戻ってくる。あがりを抑えるには、これがよい。

④場数を多く踏む

自ら積極的に、説明の機会をつくったり、人前に出て話すことである。説明でのあがりは、説明で直さなければならない。会議や趣味の会で場数を踏み、たくさんの汗をかく。そして、小さな成功体験を積み重ねることで、あがりの度合いはだんだんと少なくなっていく。

以上の四つをやれば、たとえ最初はあがっても、すぐにそのあがりを適度な緊張に変えることができる。適度な緊張感のなかでの説明は、あなたにふだん以上の力を与えることになる。そして、その力が相手にも作用して、説明がうまくいくというわけである。

あがりをコントロールする方法

1 あがりに寄り添う

あがりを積極的に受け入れて、あがりを良き友とする。そんな気持ちが、逆にあがりをコントロールできる。

2 準備をしっかりし、練習に練習を重ねる

説明の内容を十分に把握し、組立て、展開、データ集めなどの準備をしっかりしたうえで、練習を重ねて臨む。

3 イメージトレーニングをする

ふだんから、イメージトレーニングを行なう。さらに、本番直前で行なうと効果的。このときは、温かい感じに身を置くだけでも十分効果がある。

4 場数を多く踏む

会議や趣味の会で場数を踏み、たくさんの汗をかく。小さな成功体験を積み重ねることで、あがりの度合いはだんだんと少なくなっていく。

POINT

以上の4つをやれば、たとえ最初はあがっても、すぐにそのあがりを適度な緊張に変えることができる。適度な緊張感のなかでの説明は、あなたにふだん以上の力を与える。

〈著者紹介〉
髙嶌幸広（たかしま　ゆきひろ）
1953年、千葉県生まれ。千葉大学大学院文学研究科人文科学専攻修了。言葉による自己表現の研究をライフワークとし、コミュニケーション、プレゼンテーション、能力開発などを専門としている。武蔵工業大学（プレゼンテーション技術）非常勤講師などを歴任。
著書に、（文庫）『説明上手になる本』（文庫）『説得上手になる本』（文庫）『話し方上手になる本』（文庫）『聞き上手になる本』（文庫）『「話す力」が身につく本』『「対話力」を身につける本』（以上、PHP研究所）などがある。

装丁・石澤義裕
装画・安ヶ平正哉
本文デザイン・タイプフェイス
本文イラスト・草田みかん／黒柳典子
編集協力・ことぶき社

すぐに身につく
【図解】説明上手になれる本
思ったとおりに相手に伝わる、「できる」話し方のテクニック

2004年4月23日　第1版第1刷発行
2005年3月7日　第1版第6刷発行

著者　髙嶌幸広
発行者　江口克彦
発行所　PHP研究所

東京本部　〒102-8331　東京都千代田区三番町3番地10
ビジネス出版部　☎03-3239-6257
普及一部　☎03-3239-6233
京都本部　〒601-8411　京都市南区西九条北ノ内町11

PHP INTERFACE　http://www.php.co.jp/

組版　タイプフェイス
印刷所　大日本印刷株式会社
製本所

ISBN4-569-63512-1